Teresa von Avila

Textauswahl und Kommentar
von Gerhard Wehr

marixverlag

Bibliografische Information der Deutschen Nationalbibliothek
Die Deutsche Nationalbibliothek verzeichnet diese Publikation in der Deutschen Nationalbibliografie; detaillierte bibliografische Daten sind im Internet über
http://dnb.d-nb.de abrufbar.

Lektorat: Dr. Bruno Kern, Mainz
Covergestaltung: Nicole Ehlers, marixverlag GmbH
Bildnachweis: Die Verzückung der Heiligen Teresa von Avila, Marmorskulptur von Gian Lorenzo Bernini
Satz und Bearbeitung: Medienservice Feiß, Burgwitz
Gesetzt in der Stempel Garamond
Gesamtherstellung:
Bercker Graphischer Betrieb GmbH & Co.KG, Kevelaer
Printed in Germany

ISBN: 978-3-86539-272-5

www.marixverlag.de

Inhalt

I. Einleitung

1. Spaniens Goldenes Zeitalter

Auf dem geistig-religiös fruchtbaren Boden muslimischer wie jüdischer und christlicher Spiritualität fand die abendländische Mystik auf der iberischen Halbinsel eine ebenso bedeutsame wie eigentümliche Ausprägung. Zugrunde liegt zunächst das frühzeitige Eindringen des Christentums. Sowohl der Apostel Paulus in seinem Römerbrief als auch Clemens von Rom im ersten Clemensbrief sprechen von Spanien. Wenn es auch zweifelhaft sein dürfte, ob der Apostel seine Absicht, die Missionsreise auch dorthin auszudehnen, infolge Haftzeit und baldigem Tod verwirklichen konnte, so gelangte die christliche Botschaft wahrscheinlich noch im ersten Jahrhundert nach Spanien. Doch das erste sichere Zeugnis für das Vorhandensein gefügter christlicher Gemeinden stammt aus dem Jahr 254. Andere Belege gibt es aus der Zeit der Christenverfolgungen unter den römischen Kaisern Decius (249 – 251) und Diokletian (284 – 305). Die späteren Könige Spaniens, beispielsweise Philipp II., sorgten für die durchgehende Etablierung der spanischen

Staatskirche. Durch die jeweiligen Regenten sahen sich die kirchlichen Oberen nachhaltig unterstützt.[1]

Die Invasion der Muslime war von Nordafrika her im Jahr 711 erfolgt. Die Heerscharen, die den Weisungen des Propheten Muhammad gehorchten, überfluteten große Teile des Landes; sie überquerten die Pyrenäen und drangen bis in die Mitte Frankreichs bei Tours und Poitier vor. Geistig-kulturell bedeutsam gestaltete sich im Mittelalter jene zum Teil bis heute vor allem in Andalusien noch spürbare jüdisch-christlich-islamische Symbiose. Es schien, als ob die drei abrahamitischen Religionen endlich der Versöhnung und einer kreativen Gemeinsamkeit fähig geworden seien, für die Länge einiger Generationen jedenfalls. Doch die sogenannte Reconquista, das heißt die gewaltsame Wiederinbesitznahme der an den Islam verlorenen Regionen, blieb nicht aus. Im zu Ende gehenden 15. Jahrhundert setzten die Vertreibung und eine gewaltsame Missionierung der Juden und Muslime ein. Conversos oder Judeoconversos nannte man jene Juden, die sich durch Annahme der Taufe ein Bleiberecht erkauften.

Aber es war kein Geheimnis, dass dennoch Verachtung und Verdächtigung das Leben solcher Proselyten lebenslang und selbst noch von Generation zu Generation bestimmten. Bis ins 18. Jahrhundert hinein galten Nachfahren solcher Conversos als ein diskriminierter Bevölkerungsteil Spaniens. Doch es gab auch nicht wenige Ausnahmen, wenn man sieht, dass getaufte Juden hohe Ämter in Staat und Gesellschaft einnahmen oder sogar den Bischofsstuhl der einen oder anderen Diözese bestiegen.

1 Vgl. Theologische Realenzyklopädie (TRE) Band 31, S. 611 ff.

Was nun andererseits den gegen sie gerichteten Argwohn betraf, so hatte die 1478 durch päpstliche Verfügung installierte Inquisition in ihrer speziellen spanischen Ausprägung ein weites Feld zu bestellen.[2] Und das geschah mit der für sie sprichwörtlichen Gründlichkeit und Brutalität, denkt man an die zahllosen Ketzerverbrennungen, die öffentlich ausgerichteten Autodafés. Wie sich zeigen sollte, waren vor der Verdächtigung selbst namhafte Vertreter der kirchlichen Frömmigkeit, an ihrer Spitze religiös so herausragende Ordensleute wie Ignatius von Loyola oder Teresa von Avila, keineswegs ausgenommen. Gerade mystisch entflammte Christinnen und Christen erweckten bei den nicht selten rabiaten Glaubenshütern Verdacht! Ausforschung, Zensur, Folter, Verbrennung von Büchern und Menschen gehörten zu den inquisitorischen Methoden.

Und dies nicht zuletzt, wenn es sich um Frauen handelte. Ihnen unterstellte man nicht nur, dass sie am ehesten einem religiösen Überschwang und ekstatischen Frömmigkeitsformen Vorschub leisten. Das weibliche Geschlecht war, wie bekannt, schon in der frühen Kirche – von wenigen Ausnahmen abgesehen und ganz im Gegensatz zu Jesus von Nazaret! – der Geringschätzung und Diskriminierung ausgesetzt. „Dieser Antifeminismus ist nicht, wie immer wieder gesagt wird, ein Erbe des Islams in Spanien. So liest man bereits in einem Brief des Kirchenvaters Hieronymus (420): ‚Der Umgang der Kleriker mit den Frauen darf unter keinem Vorwand erlaubt werden. Da die Frau Tor für den Teufel, Weg zur Schlechtigkeit, Stachel des Skorpions, ein verderbliches Geschlecht ist.‘ Salvator de

2 Henry Kamen: Die spanische Inquisition. München 1969.

Madariaga betrachtet die Mönche von Cluny als Urheber dieses Antifeminismus."[3] Dass die Frau als solche gar nicht kultfähig sei, darin waren und sind sich die römische und die orthodoxe Kirche, also die überwiegende Mehrheit der universellen Christenheit, einig!

Hatte der Spanier und deutsche Kaiser Karl V. vergebens versucht, die mit Luthers Veröffentlichung seiner 95 Thesen (1517) begonnene Reformation in Deutschland niederzuschlagen, so unternahm es die römische Kirche im Laufe des 16. Jahrhunderts durch eine weit ausgreifende katholische Reform, einen ebenso beeindruckenden wie machtvollen Kontrapunkt zu setzen. Darüber hinaus brachte sie eine spektakuläre, nicht immer mit legalen Mitteln ausgeführte Gegenreformation in Gang. Das geschah in Anknüpfung an die und in Umsetzung der Beschlüsse des antireformatorischen Konzils von Trient (1545 – 1563). Wieder kam den Königen und den Bischöfen der spanischen Provinzen eine wichtige Bedeutung zu. Politisch, wirtschaftlich und religiös-kulturell hatte auf der iberischen Halbinsel ein „Goldenes Zeitalter" begonnen. Das betont „katholische" Königspaar Ferdinand V. von Aragon und Isabella von Kastilien hatten als Demonstration ihres Machtbewusstseins ihre beiden Königreiche vereinigt.

Der Beitrag Spaniens zu dieser katholischen Reform wird insbesondere seinem reformeifrigen und reformerfahrenen Episkopat zugeschrieben, nachhaltig unterstützt durch die beiden klassischen Bettelorden, die Franziskaner

---

3 Ulrich Dobhan: Ist Mystik objektiv? In: Gottesfreundschaft. Christliche Mystik im Zeitgespräch. Hrsg. Dietlind Langner u.a. Fribourg 2008, S. 189.

und Dominikaner, sowie durch die kontemplativ ausgerichteten Karmeliten, in der Hauptsache aber durch den wirkmächtigen Reformorden der gegenreformatorisch tätigen Jesuiten des Ignatius von Loyola (1491 – 1556). Und hinter ihnen allen stand wiederum die spanische Weltmacht, deren Regenten sagen konnten, dass ihnen – seit Wiederentdeckung Amerikas 1492 – die Sonne nicht untergehe. Im selben Jahr war mit der Einnahme der Stadt Granada in Andalusien (*Al Andalus*) die letzte Festung der muslimischen Mauren gefallen. Ein markantes Signal setzte die mit der Reconquista siegreiche Kirche dadurch, dass sie inmitten der größten und architektonisch einzigartigen Moschee von Córdoba eine Kathedrale errichtete – ein unübersehbares Zeichen der Herrschaft des dominanten Christentums über die Nachfolger Muhammads. Vor dem Hintergrund dieser Ereignisse lief das äußere Leben Teresas ab.

Darüber sind die vielfältigen spirituellen Impulse nicht zu vergessen, die in das geistliche Leben der spanischen Kirche einmündeten und somit auch auf Teresa Einfluss ausübten. Die *Vita Jesu Christi* aus der Feder des zuletzt dem Kartäuserorden zugehörigen Ludolf von Sachsen[4] (gestorben 1378 in Straßburg) gehörte neben der *Nachfolge Christi* des Thomas von Kempen[5] bis heute zu den meistgelesenen Erbauungsbüchern der Epoche. Schon Ignatius von Loyola empfing aus dieser *Vita* nachhaltige Anstöße. Der Franziskaner Francisco de Osuna (gestor-

4 Ludolf von Sachsen: Das Leben Jesu Christi. Hrsg. Susanne Greiner. Freiburg 1994.

5 Der Mystiker Thomas von Kempen. Textauswahl und Kommentar von Gerhard Wehr. Wiesbaden 2011.

ben ca. 1540/41)[6] war u.a. der Verfasser eines geistlichen ABC (*Tercer Abecedario Espiritual*), aus dem Teresa schon in jungen Jahren für ihre Gebetspraxis starke Anregungen empfangen sollte. Der als energisch und kämpferisch geschilderte Kardinal Ximénes de Cisneros förderte die Übersetzung und Verbreitung solcher Literatur. Ein „Goldenes Zeitalter" war auch für die Mystik in Spanien angebrochen.

Anzumerken ist ferner ein für die Frömmigkeitspraxis entscheidender Gestalt- und Bedeutungswandel: „Das augenfälligste Merkmal der spanischen Spiritualität jener Zeit war der Übergang von einer objektiven Spiritualität, die auf dem gesprochenen Gebet und äußeren Werken beruhte, zu einer kraftvollen und subjektiven, die auf persönlicher Erfahrung basierte. Dieser Übergang zu einer lebendigen Spiritualität vollzog sich allmählich ... Auch die Autoren der Bücher über das Gebet empfahlen nur das, was sie selbst erfahren hatten."[7]

Was den Orden der Karmeliter anlangt, so weist seine Tradition auf die Zeit seiner Begründung im 13. Jahrhundert zurück. Sie erfolgte am Karmel-Berg in Palästina während der Kreuzzüge. Papst Honorius III. bestätigte die Ordensregel im Jahr 1226. Dem Orden schloss sich auch ein weiblicher Zweig an. Angestrebt wurde ein kontemplatives Eremitenleben. Es erfuhr erst im 16. Jahrhundert seine charakteristische Ausprägung. Auf diese Weise berei-

6 Francisco de Osuna: Versenkung. Weg und Weisung des kontemplativen Gebetes. Hrsg. Erika Lorenz. Freiburg 1982.

7 Kieran Kavanaugh in: Geschichte der christlichen Spiritualität. 3. Band. Die Zeit nach der Reformation bis zur Gegenwart. Hrsg. Louis Dupré u.a. Würzburg 1997, S. 94.

cherte die karmelitische Spiritualität die katholische Mystik als solche, namentlich repräsentiert durch Teresa von Avila und Johannes vom Kreuz. „Die Blütezeit der Karmelitermystik erstreckt sich von 1570 bis 1625. In ihrem Zentrum steht die Auffassung, dass nicht die Erkenntnis Gottes, sondern die Liebe zu ihm entscheidend ist (*amare versus intelligere*). Dieser affektive, nicht intellektualistische Ansatz findet seine praktische Umsetzung nicht in der theologischen Wissenschaft, sondern im ‚inneren Gebet' (*oratio mentalis*) ... Anders als die in der klassischen Formel von den drei Wegen der Fall ist (*via purgativa, illuminativa, unitiva*) lehren die beiden spanischen Mystiker den Aufstieg zur *unio* als Abfolge von aktiven und passiven Gebetsstufen."[8]

Andere geistliche Einflüsse gingen von den Niederlanden (*Devotio moderna*) und von dem vorreformatorischen florentinischen Mönch Hieronymus Savonarola aus. Selbst Wirkungen sufischer Spiritualität trugen dazu bei, dass sich ein starkes Drängen nach Innerlichkeit bemerkbar machte. Das entsprach der nötig gewordenen Korrektur einer religiösen Veräußerlichung, die um sich gegriffen hatte und nach einer tiefgreifenden Veränderung verlangte. Man nannte die Vertreter eines andererseits als hypertroph empfundenen Spiritualismus „Alumbrados" oder „Illuminados", Erleuchtete. Im 16./17. Jahrhundert breitete sich diese von der spanischen Inquisition insbesondere in Kastilien und Andalusien verfolgte Bewegung aus. Eine „grenzenlose Überschätzung der Ekstase und anderer außergewöhnlicher Phänomene" (Kieran Kava-

8 Wörterbuch der Mystik. Hrsg. Peter Dinzelbacher. Stuttgart 1989, S. 296.

naugh) bei gleichzeitiger Geringschätzung traditioneller Frömmigkeitsformen riefen die Inquisition naturgemäß auf den Plan. Das ging so weit, dass die Werke bis dahin anerkannter spiritueller Autoren auf den Index verbotener Bücher gerieten. Irrtümlicherweise mutmaßte man sogar, dass der Illuminismus und das als Häresie verrufene Luthertum einer verwandten geistig-geistlichen Grundhaltung entstammen.[9] In ihrer Lebensbeschreibung gesteht Teresa einmal, wie traurig sie sei, dass nicht wenige der von ihr geschätzten geistlichen Bücher auf den Index gesetzt worden sind. Doch sie tröstete sich mit einer als inspiriertes Herrenwort empfundenen inneren Mitteilung: „Sei nicht traurig, denn ich werde dir ein lebendiges Buch geben." Gemeint ist die Inspiration, der die Karmelitin ihre Niederschriften verdankte.

2. Eine Frau auf dem Weg zur spirituellen Erfahrung

Teresa – mit dem vollen Namen Teresa Sánchez de Cepeda y Ahumada –, die man nach ihrem kastilischen Geburtsort Teresa von Avila nennt, bezeichnete sich später als Nonne mit „Teresa de Jesús". Sie wurde am 28. März 1515 als fünftes Kind in eine kinderreiche Familie hineingeboren. Das geschah somit zwei Jahre vor der Erstveröffentlichung der 95 Thesen Martin Luthers. Teresa entstammte mütterlicherseits dem kastilischen Adel, väterlicherseits einer zwei Generationen zuvor zum Christentum konvertier-

9 Kieran Kavanaugh aaO., S. 97.

ten, ebenfalls angesehenen, dazu erfolgreichen jüdischen Kaufmannsfamilie. Der Großvater hatte als Tuchhändler einigen Reichtum angehäuft. Teresa gehörte somit zu den auf ihre Weise gezeichneten Conversos. Doch dieses Stigma konnte sie und viele Ihresgleichen nur zu besonderem Glaubenseifer und besonderer Hingabe anspornen. Zusammen mit Johannes vom Kreuz repräsentiert Teresa von Avila das Gründerpaar der karmelitischen Mystik.

Infolge der auf persönliche Frömmigkeit setzenden Erziehung im Elternhaus von Vater Alonso Sánchez de Cepeda und der früh verstorbenen Mutter Beatriz de Ahumada war Teresa ein geistlicher Weg gebahnt. Der wurde in der Jugend offensichtlich nicht dadurch beeinträchtigt, dass das als ausnehmend schön geschilderte, lebenslustige Mädchen die betont weltlich gestimmten Einflüsse ihrer Umgebung natürlicherweise aufnahm. Dazu gehörte unter anderem die Lektüre galanter Liebes- und Ritterromane, auf die Teresa offensichtlich durch ihre Mutter hingewiesen worden war. Selber lesen und schreiben zu können war damals für eine junge Frau keineswegs selbstverständlich. Und Teresa genoss diesen Vorzug. Es kam ihr in den Sinn, sich selbst an einem derartigen Roman zu versuchen. Eine Alternative zu solchen Interessen stellte jedoch die geistliche Literatur dar. Die war ihr ebenfalls nicht nur zugänglich; sie sollte Inhalt, Weg und Ziel ihres Lebens bestimmen und schließlich ihre eigene Autorschaft begründen helfen. Wenn Heiligenlegenden den Märtyrertod geradezu als Ziel eines Christenlebens herausstellten, kam das kleine Mädchen zusammen mit einem ihrer Brüder auf den Gedanken, es jenen Helden des Glaubens irgendwie gleichzutun, die als Verkünder des Evangeliums ihr Leben drangegeben haben. Wäre nicht die Familie eingeschritten, hätten die beiden Kinder versucht, in den spanischen Süden, ins Land der muslimischen Mauren, zu pilgern, um sich möglichst rasch „den Kopf abschlagen zu lassen". Denn auf diese Weise, so fantasierten die beiden Kinder, könne man die ewige Seligkeit erlangen, und zwar „für immer, für immer".

Nach und nach keimt in der reifer werdenden Teresa ein Bewusstsein davon auf, eine Sünderin zu sein und sich deshalb angesichts des Lebensendes und des Jüngsten Gerichts ängstigen zu müssen. Es genügt schon der, wie sie besorgt meint, leichtfertige Umgang mit ihren Vettern und mit ihrem Verlangen, ihre Schönheit durch aufwendige Kleider und Schmuck aller Art noch zu erhöhen, um dadurch ihren Freundeskreis zu erweitern. Bald nach dem Tod der Mutter, den Teresa als etwa Dreizehnjährige erleidet, schickt Don Alonso Sánchez seine Tochter in eine Mädchenschule der Augustinerinnen. Die Lektüre der Briefe des Kirchenvaters Hieronymus regt die Zwanzigjährige dazu an, aus eigener Initiative ins Karmelitinnenkloster von Avila „Zur Menschwerdung" (*Encarnación)* einzutreten, als Braut Christi den Schleier zu nehmen und Nonne zu werden.

Ehe sie am 3. November 1537 die ewigen Gelübde der Armut, der Ehelosigkeit und des Gehorsams ablegen kann, erkrankt sie schwer. Man fürchtet ihren nahen Tod. Auf dem Landsitz ihres ebenfalls frommen Onkels Don Pedro de Cepeda gibt man ihr eines jener Bücher, die zu den Klassikern der Katholischen Reform und des inneren Gebets gehören: Franz von Osuna: Der dritte Teil des spirituellen Alphabets (*Tercera Abecedario Espiritual*). Damit hat die junge Frau den Leitfaden für ihren eigenen Gebetsweg in der Hand. Es ist ein Weg, der aus dem Bereich der „vielgesagten Worte" entführt und in das schweigende Gebet der Kontemplation hineingeleitet. Von dieser dritten Weise des Betens, bei der es keiner Worte mehr bedarf, bei der auch bildhafte Vorstellungen gelöscht werden dürfen, heißt es:

„Die dritte Art des Betens nennt man kontemplatives oder ‚inneres' [*oración espirtual o mental*] Gebet, bei dem sich unser höchster Seelenteil in der reinsten und liebevollsten Weise zu Gott erhebt, getragen von den Flügeln des Wunsches und des in Liebe erstarkten Gefühls. Je größer die Liebe ist, umso weniger Worte bedarf sie, und diese wenigen werden verstehender und wesentlicher sein. Denn wenn die Liebe echt ist, bedarf sie keiner großen Reden, wirkt aber schweigend große Dinge."[10]

Nun geht es ihr darum, das „In-der-Welt-Sein" mit dem inneren Leben in Einklang zu bringen. Teresa berichtet in ihren Aufzeichnungen zu ihrem Leben, welche Schwierigkeiten sie damit hatte und welch eine Qual dieser Zwiespalt anfangs für sie bedeutete: entweder Gott, von dem sie meint, dass es außer ihm nichts geben dürfe, oder das Eingebundensein in das alltägliche Leben mit seinen Freuden und Leiden. Ein Ausgleich will ihr nicht gelingen. Schon will sie ihre Gebetsverpflichtungen aufgeben. Bald sieht sie den Irrtum ein. Sie hält ihn für den tiefsten und folgenreichsten – eine Krise um die Lebensmitte! Damit ist angedeutet, dass Teresas Weg nicht etwa als ein problem-

10 Francisco de Osuna: Versenkung. Freiburg 1982, S. 41.

loser und glorreicher Aufstieg in lichte Seelenverfassungen (*high experiences*) gedacht werden sollte. In ihren Schriften zeigt sie sich aufrichtig genug, indem sie ihre Mängel und die tief empfundene Sündhaftigkeit schonungslos und nicht selten bis zu Übertreibungen bekennt.

Die Lösung bleibt aber nicht aus. Eine Christus-Darstellung hat sie zur Genüge betrachtet. Doch eines Tages tritt er ihr in Gestalt einer kleinen Christus-Statue vor Augen. Es ist das Bild des von den Leiden der Passion gezeichneten Schmerzensmannes. Die empfindungsstarke Frau wird von diesem Bild so stark ergriffen, dass sie einsieht, wie erfolglos letztlich jedes religiöse Bemühen ist, vor allem, wenn letztlich egoistische Sehnsüchte nach dem persönlichen Seelenheil damit verbunden sind. So groß der Unterschied zwischen ihrem älteren Zeitgenossen, dem um Gerechtigkeit vor Gott ringenden deutschen Augustinermönch Martin Luther (1483 – 1546), ist: Es wird doch eine spirituelle Gemeinsamkeit zwischen beiden transparent. Es ist das Geschenk der Gnade, das auch für sie bedeutsam wird. Nicht die fromme Leistung, die sie gleichwohl schätzt, zählt mehr, sondern die Totalhingabe an eben diesen Christus: *Sola gratia* – allein aus Gnaden, formulierte einst Luther. Teresa wird später das Wort prägen: *Solo Dios basta* – Gott allein genügt!

Wieder ist es ein Buch, das ihr zu einem Lebenslicht auf ihrem Innenweg wird: Es handelt sich um die *Bekenntnisse* (*Confessiones*) von Aurelius Augustinus (354 – 430). Wie er, der nordafrikanische Kirchenvater, unmittelbar vor seiner Bekehrung mit und in einem Kinderlied aus dem Nachbarhaus einen Anruf Gottes vernimmt, so meint nun auch Teresa eine Stimme zu hören, die gerade sie ruft, um ein neues Leben zu beginnen – ein Leben mit und in Gott. Aus ihrem bisherigen Leben als Nonne wird ein Leben mit Christus, ein Leben *in* Christus. Bei aller Eigenständigkeit der augustinischen und der teresianischen Bekenntnisse gibt es Vergleichspunkte. Ähnlich wie Augustinus spricht die Karmelitin in ihren Aufzeichnungen Gott unmittelbar an. Mit ihm, dem Freund dieses Lebens, beginnt ein lebenslanger wortloser Austausch. Diese Möglichkeit bietet das innere Gebet, wie sie es bei Francisco de Osuna kennengelernt hat. Dazu gehört das, was Teresa Gnadenerweise Gottes nennt. Sie erlebt sich bisweilen innerlich erhoben, innerlich ergriffen. Außerordentliche Formen der Ekstase im Sinne einer Gottesgegenwart werden zu Stationen ihrer neuen Existenz. Alle einem Menschen momentan verfügbaren oder verfügbar scheinenden seelischen wie geistlichen Energien entfalten sich bisweilen blitzartig, während die Sinneswahrnehmungen momentan zurücktreten. In ihrem Buch über die Klostergründungen (*Libro de Fundaciones*) aus dem Jahr 1582 – es ist ihr Todesjahr! – äußert sich Teresa hierzu:

„Die höchste Vollkommenheit besteht sicher nicht aus inneren Wonnen oder großen ekstatischen Zuständen oder Visionen oder in der Prophetie, sondern darin, unseren Willen so weit mit Gottes Willen in Einklang zu bringen, dass es nichts gibt, von dem wir wissen, dass er es möchte, und das wir nicht mit all unserem Sehnen anstreben, und darin, das Bittere genauso anzunehmen wie das Schöne, wenn wir wissen, dass unser König es wünscht.“[11]

11 Teresa von Avila: Die Gründungen, Kap. 5, 10, zit. in: Geschichte der christlichen Spiritualität. 3. Band. Würzburg 1997, S. 103.

Angesichts spiritueller Innenerfahrungen stellt sich stets die unabweisbare schwierige Frage: Wie soll das jenseits der Alltagsrealität Erlebte und Erfahrene in Worte gefasst werden? Und der Leser solcher Schilderungen muss sich jeweils auf die damit verbundene Problematik einstellen. Er wird sich fragen: Ist das Gesagte etwa wörtlich zu nehmen? Inwieweit sind die als Annäherung gedachten Bilder und Vergleiche aussagekräftig und in die eigene Existenz zu integrieren? Antwort: Sie sind es – naturgemäß – nicht, zumal sich Transpersonales nicht unbesehen „normalisieren" lässt! Niemand kann den selbst durchschrittenen Innenweg für einen anderen gehen; aber anspornen und ermutigen, Führung und Geleit geben und empfangen kann der Betreffende anbieten. Und das ist es, was Teresa sowohl ihren Beichtvätern als auch ihren Schwestern im Orden mitzuteilen hat.

3. Teresas Hauptwerke

Die Lebensleistung einer ebenso geistgeprägten wie entscheidungsfreudigen, initiativen Frau und Nonne von der charakterlichen Statur einer Teresa von Avila setzt sich naturgemäß aus mehreren Faktoren zusammen, die im Laufe ihres Lebens eine je unterschiedliche Note erhalten haben. Als bleibendes Werk ist zunächst ein Faktum der Kirchengeschichte festzuhalten. Es gilt die von ihr eingeleitete und im Rahmen ihrer Zuständigkeit durchgeführte Neubegründung des Karmeliterordens zur Kenntnis zu nehmen. Dabei wurde sie hinsichtlich des Männerordens durch Johannes vom Kreuz (*Juan de la Cruz*,

1541 – 1591) tatkräftig unterstützt. Es handelt sich um die „Unbeschuhten Karmeliter" (OCD), deren Reformierung dadurch bestimmt war, dass die Klosterinsassen zur Disziplinierung ihres Lebens in die anhaltende Praxis von Askese, Armut und Gebet zurückkehrten. Man spricht vom Teresianischen Karmel. Dass Ordnung und Strenge niemals zum Selbstzweck werden dürfen, ist in den für die Karmelitinnen verfassten ersten Konstitutionen (1567) zum Ausdruck gebracht, wo es (Kap. 9,7) heißt: „Man achte mehr darauf, dass die Novizin im Tun des Guten Fortschritte mache als im Rigorismus der Bußübungen." Aufgerufen ist zur mitwirkenden Eigenverantwortung, der jeder Personenkult, etwa in Gestalt einer Abhängigkeit von der Oberin und geistlichen Mutter der Schwestern, fremd ist.

Ausgelöst durch eine ihr ganzes Sein erschütternde „Höllenvision" (1560), war in Teresa der Entschluss gereift, ihre Reformarbeit mit einer ersten Klostergründung zu beginnen. Es stellte sich für sie die Aufgabe, für ihre Mitschwestern das Kloster San José in Avila im Jahre 1562 ins Leben zu rufen. Das ging nicht ohne Widerstände ihrer Oberen vonstatten, denn die Begründerin wagte es, nach Zeiten einer gewissen Veräußerlichung mit letzter Konsequenz und mit nicht geringem Risiko in der kleinen Gemeinschaft ein Leben in apostolischer Armut zu beginnen. An dieses erste Reformkloster schlossen sich alle weiteren, insgesamt 16 Gründungen (*fundaciones*) an. Weitere hat sie zusammen mit Johannes vom Kreuz ins Leben gerufen. Zu bedenken ist, welche erheblichen körperlichen Anstrengungen diese mit ausgedehnten Reisen über Land verbundene Tätigkeit für die alternde Frau darstellte. In ihrem Buch der Klostergründungen (*Libro de las Fundaciones*) finden sich Beschreibungen ihrer aufs Ganze gesehen erfolgreichen Tätigkeiten.

Teresa war damit herausgefordert und berufen, ihren Schwestern beispielhaft voranzugehen und sie in Wort und Schrift zu unterweisen. Gemeint war nicht etwa eine theologische Belehrung; dazu war sie offensichtlich nicht befähigt. Es ging vielmehr um Mystagogie, um Seelenführung im Grundsätzlichen wie – bis zu einem gewissen Grad – in der Betreuung einzelner Nonnen in den über Spanien verstreut liegenden Ordenshäusern. Die von da an entstandenen Schriften dienten in wesentlichen Teilen auch dieser Aufgabe. Hinzu kommt noch ein kaum mehr zu überschauendes Briefwerk. Allein etwa vierhundert Briefe haben sich erhalten; man schätzt den Gesamtumfang von Briefen aus Teresas Feder auf ein Vielfaches.

Nun sind es vor allem drei Bücher, die aus der Vielzahl von Teresas literarischen Werken herausragen. Sie wurden für die Ausformung der Teresianischen Spiritualität bestimmend und sind daher geeignet, zusammen mit dem Schrifttum des Johannes vom Kreuz auch heute mit der karmelitischen Mystik bekanntzumachen und das je eigene geistliche Leben anzuregen. Drei Aspekte zeichnen sich ab: Das Leben, der Weg, sowie die Wohnung der Seele, niedergelegt in Teresas *Das Buch meines Lebens*, in *Der Weg der Vollkommenheit* und in der *Inneren Burg*, auch *Seelenburg* genannt.

a) Das Buch meines Lebens (Vida)

Teresa, die selbst als die erste namhafte spanische Schriftstellerin bezeichnet wird, vertiefte sich gern in die seinerzeit weit verbreitete christliche Erbauungsliteratur[12], darunter die erwähnte *Nachfolge Christi* (*De imitatione Christi*) des zur niederdeutschen Bewegung der „Devotio moderna" gehörigen Thomas von Kempen. Aber als Schriftstellerin verstand sie sich selbst nicht. Und auch wenn sie das Bedürfnis hatte, wesentliche Abschnitte ihrer Biografie selbstkritisch zu betrachten, so ging der Anstoß zum *Buch ihres Lebens* (*Libro de sua Vida*) nicht von ihr selbst aus, sondern dazu forderte sie ihr jeweiliger Beichtvater auf. Ihre Bekanntschaft mit den *Bekenntnissen* (*Confessiones*) des Augustinus zeigten ihr, wie man den eigenen Lebensweg als eine innere Geschichte mit Gott so schildern kann, dass Gott als der anwesende Freund wahrgenommen wird, dem man sich im Gespräch rückhaltlos öffnet. Für eine zufriedenstellende Selbstbespiegelung hatte sie nichts übrig. Über der Schilderung der zum Lebensziel hinstrebenden Sehnsüchte durften die menschlichen Mängel und Irrungen daher nicht vernachlässigt werden. Was Teresa betrifft, so gewinnt man über der Lektüre den Eindruck, dass es ihr darauf angekommen sei, gerade die Schattenseiten ihrer Seele hervorzukehren, sie jedenfalls nicht zu verkleinern oder beiseite zu lassen. Bei den Mitmenschen die Tugenden und Vorzüge, bei sich selbst vor allem die Fehler zu benennen betrachtete sie als ein für ihre Reifung erforderliches Exerzitium.

12 Es handelte sich um Übersetzungen, da Teresa des Lateinischen nicht mächtig war.

Wohl folgte sie der Methode, das Vorbild und Werk Christi vor ihr inneres Auge zu stellen, um es sich einzuprägen, und von da aus erste Schritte zum Gebet zu tun. Aber es war im Grunde ihr eigener Beichtvater, der sich eine Vorstellung davon bilden wollte, was in ihr vorging, wie sie sich und ihr Tun einschätzte, auch wie es um ihre speziellen Erfahrungen stand. Und diese Erfahrungen waren es, durch die sie sich von der als normal angesehenen Frömmigkeit anderer Nonnen abhob. In Gestalt von Visionen und Ekstasen hatte ihr Leben eine bis dahin ungeahnte Tiefe erworben.[13]

Was die Niederschriften als solche anlangt, so hatte es mit ihnen noch eine besondere Bewandtnis. Für das, was sich als Zwiesprache mit Gott darstellt, interessierten sich immer auch noch andere: Es las da das Auge der Inquisition forschend mit. Das zeigte sich gerade dann, wenn in deren Augen problematisch erscheinende Passagen ihrer Schriften in der einen oder anderen Manuskript-Fassung stillschweigend getilgt wurden! Es fehlten auch kirchenkritische Anmerkungen oder klerikerkritische Seitenhiebe nicht. Und die mussten von den Argwöhnischen kompromisslos ausgemerzt werden.[14] Was im Übrigen die *Vida* anlangt, so ging es darin weniger um eine der üblichen Autobiografien als um eine schriftlich niedergelegte Lebensbeichte. Sie enthält solche Geständnisse, die von Elementen ihrer geistlichen Erfahrung und der

13 Ernst Benz: Die Vision. Erfahrungsformen und Bilderwelt. Stuttgart 1969.

14 Mariano Delgado: Mystik und Kirchenkritik bei Teresa von Avila und Johannes vom Kreuz, in: Die Kirchenkritik der Mystiker. Band II. Hrsg. Mariano Delgado / Gotthard Fuchs. Fribourg 2005, S. 183 ff.

daraus sich ergebenden Kompetenz durchsetzt sind. Dazu gehören insbesondere immer wieder und zu einem nicht geringen Teil Hinweise auf das Wesen und die Praxis des inneren Gebets, handelt es sich doch um die Weise des Umgangs und um die wortlose Zwiesprache mit Gott als einer christlichen Existenzweise.

Die Aufzeichnungen in der *Vida* folgen zwar keiner strikten historischen Reihenfolge, sie lassen aber Stadien der seelischen Entwicklung der Autorin erkennen. Die Schilderungen setzen bei Erinnerungen aus der Kindheit an und erstrecken sich bis über ihre Lebensmitte hinaus. Eingeblendet sind Beschreibungen des Gebets. Es stellt ohnehin das fortlaufende Lebensthema der Karmelitin dar. Im weiteren Verlauf der Schrift fällt auf, wie die Beichtende Beispiele ihrer Unzulänglichkeit und Schwachheit unter die selbstkritische, selbstbezichtigende Lupe nimmt. Am liebsten möchte Teresa das Schreiben anderen, eher dafür vorbereiteten Leuten überlassen. Von den „studierten Leuten", den Theologen, meint sie, die seien dieser Thematik sehr viel besser gewachsen als sie. Sich selbst hält sie dagegen für eine „einfältige Person"[15], die sich durch die Gebildeten angeprangert sieht.

Schließlich musste sie ihre Verlegenheit einräumen, wenn sie von Innenerlebnissen zu sprechen hatte, die bei ihrem Beichtiger Zweifel an der Echtheit des Berichteten aufkommen ließen. Das schüchterte sie ein und machte sie

15 Derartigen Äußerungen begegnet man u.a. in den Schriften und Theosophischen Sendbriefen ihres jüngeren Zeitgenossen Jakob Böhme (1575 – 1624), der seine Verwunderung über das ihm, dem einfachen Schuster, Anvertraute hervorhebt. Vgl. Jakob Böhme. Textauswahl und Kommentar von Gerhard Wehr. Wiesbaden 2012.

verzagt: „Der Widerstand solch frommer Männer gegenüber einer kleinen, unglücklichen, schwachen und ängstlichen Frau, wie ich es bin, scheint gar nichts zu sein, wenn man es in so wenigen Worten beschreibt, doch unter all den Widerwärtigkeiten, deren ich in meinem Leben sehr große ausgestanden habe, war dies eine der schlimmsten." (V 28,14) Einerseits ist sie sich ihrer Sache gewiss, von der so mancher der mystischen Erfahrung unkundigen geistlichen Würdenträger keine Ahnung hat, weil er sich nur auf die Lehre der Kirche beruft; andererseits machen ihr unabweisbare Selbstzweifel zu schaffen, weshalb sie letztlich gar nichts zu sagen wisse und daher keine literarischen Kostbarkeiten bieten könne, wie sie vermutlich von einer großen Schriftstellerin erwartet werden.

Aber gerade das macht den Reiz, die Lebensnähe und Authentizität derartiger Niederschriften aus ihrer Feder aus. „Das Werk besticht durch die einzigartige Spontaneität und Frische der Aussage, die Differenziertheit und Tiefe der seelischen Erfahrung und Beobachtung, die Genauigkeit der Beschreibung, die lebendige, oft humorvolle Darstellung heikler Dinge, die Kraft der Veranschaulichung des Abstrakten. Hervorzuheben sind die Plastizität gewisser Bilder, die nicht wie bei Johannes vom Kreuz Symbole von philosophischer Tiefe, sondern dem Alltag entnommen sind und nur der Verdeutlichung dienen ..., der herzliche, liebevolle Ton ... Das alles macht die Schrift zu einem bedeutsamen Zeugnis der abendländischen Mystik."[16]

Doch so einhellig fiel die Beurteilung des in zwei Fassungen vorliegenden Buches bei ihren Zeitgenossen frei-

16 Kindlers Neues Literaturlexikon, München 1996, Band 16, S. 447.

lich nicht aus. Die kirchlichen Inquisitionsbehörden gaben die Aufzeichnungen zu Lebzeiten der Autorin nicht frei, sondern ließen nach Teresas Tod 1582 weitere fünf Jahre verstreichen, nicht ohne zuvor unangenehm erscheinende Passagen ausgemerzt zu haben.

b) Weg der Vollkommenheit (Camino de Perfección)

Diente Teresas erste Schrift, das *Buch meines Lebens*, ursprünglich dazu, sich vor der inquisitorisch gesinnten Geistlichkeit zu verantworten und im Angesicht Gottes so etwas wie eine spirituelle Lebensbilanz zu ziehen, so ändern sich bei ihrem Buch *Weg der Vollkommenheit* die Adressaten. Es sind ihre Schwestern, die ihr zum geistlichen Geleit anvertrauten „Töchter" im ersten von ihr begründeten karmelitischen Reformkloster San José von Avila, an die sie sich zunächst wendet. Ihnen und schließlich allen anderen ihr Zugewandten ist dieser Lehrtraktat gewidmet, der in den Jahren zwischen 1562 und 1565 abgefasst wurde. Hier geht es um eine geistliche Unterweisung darüber, wie die ihr zur seelsorgerlichen Betreuung anvertrauten Nonnen ihrerseits befähigt werden sollen, den Weg einer inneren Entwicklung zu beginnen. Es ist daher ihre Vollkommenheit, der sie dienen will. Sie versucht ihnen den Grund aufzuzeigen, weshalb es einer strengen Disziplinierung bedarf, um den in jedem Menschenleben zu durchlaufenden Prozess in Selbsterkenntnis, in Gottes- und Menschenliebe zu befördern.

Die Autorin kommt auf die Elemente zu sprechen, die in den Paulusbriefen des Neuen Testaments (Eph 6) mit einer „geistlichen Ritterrüstung" verglichen werden. Bei

Ordensleuten entsprechen dieser Rüstung die mönchischen Grundtugenden, wie sie von der Tradition und von der jeweiligen Ordensregel her bekannt sind. Dazu gehört ferner der Umgang mit den Dingen des Lebens in dieser Welt. Wieder geht es darum, die Gebetspraxis – wenn auch trotz mancherlei Hindernisse – fortzuführen, immer das Ziel des mystischen Wegs, die *unio mystica,* vor Augen.

Es hat sich inzwischen eine neue Front mit aller Deutlichkeit aufgetan, zumal es auch in Spanien Menschen gibt, die sich für die Reformation Luthers in Deutschland interessieren und der Sache der Reformation eine gewisse Sympathie entgegenbringen, etwa auch für Johannes Calvin und die Hugenotten im benachbarten Frankreich. Als geistliche Waffe legt Teresa ihren Schwestern eine Auslegung des Vaterunsers ans Herz. Dieses täglich verrichtete und somit längst hinreichend bekannte Gebet des Herrn gilt es, sich Mal um Mal aufs Neue anzueignen. In ihrer Auslegung geht Teresa den sieben Vaterunser-Bitten entlang und zeigt, wie ein Ordensmann, wie eine Ordensfrau damit umgehen könne. Ihre Ausführungen sind kurz gefasst. Was sie hervorzuheben hat, ist die Bitte um Selbstlosigkeit, um Demut und um die Bereitschaft, dem Willen Gottes unverbrüchlich zu folgen. Niemand bilde sich ein, den Weg zum vorgesteckten Ziel aus eigenem Vermögen gehen zu können. Da wäre der Mensch überfordert, zumal er den Zugang zur Gelassenheit verfehlte, die ihrerseits Voraussetzung mystischer Erfahrung ist; deshalb:

„Nur einen Rat gebe ich euch, ihr Schwestern: Meint nicht, ihr könntet mit eurer Gewalt oder Anstrengung so weit kommen, denn das wäre umsonst. Im Gegenteil, wenn ihr vorher innerlich angerührt wart, werdet ihr erkalten. Ihr müsst nur in Einfachheit und Demut, denn die ist es, die alles vollendet, sagen: *Fiat voluntas tua – Dein Wille geschehe.*" (CE 57, 3)

Zu unterscheiden sind die beiden Versionen des *Camino de Perfección*, nämlich der Kodex von El Escorial (CE) und die zweite Fassung des *Wegs der Vollkommenheit* von Valladolid (CV).

c) Die Seelenburg (Moradas)

Während „Der Weg der Vollkommenheit" für Menschen geschrieben ist, die noch kein ausgesprochenes Verlangen nach mystischer Verinnerlichung in sich tragen, wenngleich sie dabei sind, sich auf den Weg zu machen, gilt die *Seelenburg*, eigentlich: „Wohnungen der inneren Burg" (*Moradas del castillo interior,* 1577), als ein Meisterwerk des mystischen Reifungsprozesses und damit als Teresas wichtiges mystagogisches Handbuch überhaupt.

Buchtitel und Aufbau sprechen zwar von einem Gebäude, in dem sieben Wohnungen enthalten sind, also von einem, wie es zunächst den Anschein hat, relativ statischen Gebilde. Doch streng genommen wird in und mit diesem Bild ein dynamischer Werdevorgang geschildert, wie er auf dem kontemplativen Weg nach innen zu durchlaufen ist, etwa in der Art einer Pilgerreise. Hier erstreckt sie sich von Wohnung zu Wohnung. Und diese „Räume" sind üblicherweise nicht nebeneinander angeordnet, sondern sie sind ineinander gefügt. Im Innersten darf die siebte Wohnung der Verbindung mit Gott erwartet werden. Gebet und meditative Sammlung stellen zusammen mit der Übung der unerlässlichen Demut das Eingangstor dar. In der Erkenntnis des Mängelwesens Mensch ist die Majestät Gottes zu erahnen. Inwiefern ist ein Zugang zu ihm überhaupt denkbar? Man durchschreitet das Tor, um sich ihm zu nähern, und erlangt unter Verzicht auf egoistische Wünsche, anders als vorgestellt, schrittweise göttliche Gnaden. Das geschieht, um schließlich in jene innerste Wohnung zu gelangen, wo Unsagbares zwischen der Menschenseele und dem Ewigen sich begibt, ein Vorgang, der dem Hochziel der Mystik entspricht. Die Tradition bezeichnet es als das Einswerden mit der Gottheit (*unio mystica*).

Da mag man an die Marmorskulptur, das Bild einer ekstatisch Überwältigten, denken, das Gian-Lorenzo Bernini als „Die Ekstase der heiligen Teresa von Avila" für die Kirche Santa Maria della Vittoria in Rom geschaffen hat: Ein Engel ist im Begriff, mit einem goldenen Pfeil das Herz der hingegebenen Teresa zu durchbohren. Im 29. Kapitel ihrer *Vida* hat Teresa die für sie außerordentliche Vision erzählt und mit allen ihr erinnerten Einzelheiten geschildert. Da macht die Autorin auf den Unterschied aufmerksam, der zwischen der geistlichen Vereinigung und der geistlichen Vermählung als Ziel des mystischen Wegs besteht. Wichtig ist der Karmelitin, dass es nicht allein darum gehen könne, wie Maria von Betanien allein im meditativen Zustand zu verharren, sondern auch wie Marta für ihren Herrn tätig zu sein. Beide Seelen- und Lebenshaltungen eines Christenmenschen, die der Maria und der Marta, Aktion und Meditation, gehören zusammen; sie ergänzen einander.

4. Zum inneren Beten

Das mit dem Leben und Namen Teresas so eng verbundene innere, das geistige, das mystische Gebet (*oración mental*) bedeutete für sie eine Möglichkeit, sich der Gottesgegenwart Mal um Mal gewiss zu werden und freundschaftlich in seiner Nähe zu bleiben. Es war nicht ihre Entdeckung. Vielmehr stellte sie sich damit in die große Gebets-, Meditations- und Kontemplationstradition der Christenheit hinein.

Es war im Herbst 1548. Teresa ist inzwischen 33 Jahre alt geworden. Das war die Zeit ihrer schweren Erkrankung, weshalb die junge, am Anfang ihres geistlichen Lebens stehende Nonne für kurze Zeit das Kloster verlassen musste. Eine in jenen Jahren von vielen aufgesuchte Heilerin, deren Seriosität freilich infrage gestellt wurde, wurde auch von Teresa zusammen mit ihrem Vater zu Rate gezogen. Die erhoffte Hilfe blieb jedoch aus. Offensichtlich hatte die Patientin eine ganz andere Therapie nötig, nämlich eine solche, die für die Erneuerung und Vertiefung ihres geistlichen Lebens erforderlich war. Diese Therapie vermittelte ihr religiös aktiver Onkel Pedro in Gestalt von Francisco de Osunas bereits erwähntem geistlichen ABC (*Tercer Abecedario Spiritual*).

Nun war auch das von Ludolf von Sachsen verfasste *Leben Jesu Christi* (*Vita Jesu Christi*) schon seit geraumer Zeit in Spanien bekannt. Ignatius von Loyola hatte es für seine *Geistlichen Übungen* (*Exercitia spiritualia*) genutzt, ging es doch darin um die intensive Vergegenwärtigung der Evangelienereignisse. Es konnte nicht genügen, lediglich um die Worte und Taten Christi zu wissen. Man sollte sich betrachtend in das jeweils geschilderte Geschehen, etwa bei Jesu Letztem Abendmahl, so hineinversetzen, als nähme man selbst – jetzt und hier – daran teil. Das sollte wie ein wirkliches Dabeisein unter Einbezug aller Sinne geschehen. Wie es Teresa mit der Schrift Osunas erging, berichtet sie in ihrer *Vida.* Es handelt sich um Schilderungen, aus denen deutlich wird, dass ihr Erleben oft von Rückschlägen, auch von Zeiten einer spirituellen „Dürre" und Fruchtlosigkeit, begleitet war:

„Ich versuchte, so gut ich konnte, nur Jesus Christus, unser Gut und unseren Herrn, zu vergegenwärtigen, und das war meine Art zu beten; wenn ich an einen Abschnitt aus der Leidensgeschichte dachte, stellte ich ihn mir innerlich vor ... Da mir aber Gott kein Talent zu einem diskursiven Nachdenken gegeben hatte und ich auch mit Hilfe meiner Vorstellungskraft nicht weiter kam, weil diese so unbeholfen ist, dass ich nicht einmal an die Menschheit des Herrn denken noch sie mir vorstellen konnte, wie ich es zu machen versuchte, kam ich mit all dem nicht weiter ... So wagte ich in all diesen Jahren nicht, ohne ein Buch ein Gebet zu halten, außer gleich nach der Kommunion; ohne ein Buch fürchtete ich mich geradezu vor dem Gebet, wie wenn ich mit einer großen Schar kämpfen müsste. Mit einem Buch aber war ich innerlich getröstet, denn es wirkte wie ein Begleiter oder ein Schild, mit dem ich die vielen anstürmenden Gedanken auffangen konnte. Zwar war die Unlust zum Beten nicht gerade täglich, aber immer, wenn ich kein Buch hatte, war ich durcheinander, und meine Gedanken waren verworfen. Mit einem Buch aber begann ich mich zu sammeln." (V, 4, 8 – 9)

Das Geschilderte konnte eigentlich nur für ein Anfangsstadium gelten. Um auf dem inneren Weg voranzukommen, durfte sie sich mit diesem vorläufigen „Hilfsmittel" eines Gebetbuches nicht begnügen. Sie musste sich geradezu davon befreien, wie man sich einer Krücke entledigt, um sich voll auf die eigenen Füße zu stellen. Sie musste sich geistlich selbstständig machen, um so etwas wie eine unbedingte, das heißt ohne durch ein Ding wie das Gebetbuch ermöglichte, Gott-Unmittelbarkeit zu erlangen. Wohl gehörten das mündliche und das geistige Beten für Teresa zusammen, aber erst als ihr gegeben war, tiefer zu dringen und sich mit allen Kräften ihres Gemüts „den Armen Gottes anheimzugeben", erlebte sie die sie beglückende Gottesfreundschaft als eine Befreiung. Darauf kommt sie mehrfach zu sprechen.

„Diese Methode, Christus in uns gegenwärtig zu halten, nützt in allen Phasen und ist ein sicheres Mittel, auf der ersten Stufe des Gebets voranzukommen oder in kurzer Zeit die zweite Stufe zu erreichen und gegen die Gefahren gefeit zu sein, die auf den letzten Stufen vom Teufel[17] ausgehen können." (V 2, 4)

So verständlich es ist, verschiedene Stufen des Innewerdens zu unterscheiden, so meint das von ihr praktizierte innere Beten nicht nur eine bestimmte Gebetsform. Sie steht im Grunde für eine das ganze Menschsein erfüllende

17 Anspielung auf Erscheinungsformen eines irritierenden Spiritualismus, der an diabolische, sinnestäuschende Erscheinungen oder Empfindungen erinnert, wie sie vergleichsweise vom Zen-Buddhismus her bekannt sind.

„innere Haltung, die alles Gebet – ob mündlich oder nur im Herzen – begleiten sollte, nämlich für die betende Aufmerksamkeit auf das verborgen gegenwärtige Du Gottes und die personale Hinwendung zu ihm, die Teresa unter dem Begriff Freundschaft fasst. So betrachtet, beschränkt sich das innere Beten nicht auf bestimmte Gebetsstunden oder Übungen, sondern durchdringt den ganzen Alltag. Im engeren Sinn meint inneres Beten vor allem das persönliche stille Gebet bzw. das meditative Verweilen in der Gegenwart Gottes."[18] Nicht zu vergessen ist der in diesem Zusammenhang unverzichtbare lebenspraktisch-karitative Aspekt des Betens. So schärft sie beispielsweise ihren Schwestern ein: „Dahin, meine Töchter, zielt das innerliche Gebet und dazu führt auch die mystische Vermählung, dass aus ihr unaufhörlich Werke, vollkommene Werke hervorgehen." Allein mit Beten lasse sich nicht das Fundament des Glaubens legen. Bloße Pflege des spirituellen Innewerdens – etwa nach Art der erwähnten Maria von Betanien – geriete sonst in die Nähe eines trügerischen Heilsegoismus: Das Tätigsein für andere sei daher nicht weniger gefragt. Es sei wichtiger, einem Kranken Linderung zu verschaffen, als sich um fromme Höhenerlebnisse zu bemühen. Das erinnert an Meister Eckharts ganz ähnliche Empfehlung: Man gebe dem Armen sein Süpplein, aber gebe sich nicht der Täuschung hin, dass eine mystische Hochstimmung wertvoller sei als die praktische Tat der helfenden Nächstenliebe. Und wenn gelegentlich vom Ruhe-Gebet gesprochen wird, so darf es nicht mit be-

18 Ulrich Dobhan, in: Teresa von Avila: Das Buch meines Lebens. Freiburg 2001, S. 637.

quemer Untätigkeit verwechselt werden. Deshalb immer wieder Teresas Appell: „Werke will der Herr haben!“

5. Teresas Aktualität

Die Beschäftigung mit historischen Gestalten und Bewegungen, die natürlicherweise mit dem besonderen Ort, der Umwelt und dem Anlass ihres ersten Auftretens verbunden sind, muss sich auch hier einer nicht zu vernachlässigenden Frage stellen: Worin besteht die Bedeutung und die Aktualität des Werks von Teresa von Avila? Was rechtfertigt den Versuch, sich ihrer heute zu vergewissern?

Zweifellos sind Teresa und der von ihr durch geistliche Disziplinierung erneuerte Karmel zunächst durch die geistig-religiöse Situation in der Mitte des 16. Jahrhunderts, im Zeitalter der Reformation und am Anfang der Neuzeit, bestimmt. So unterschiedlich die Ausgangspunkte für eine Veränderung in Deutschland und in Spanien waren: Um eine Erneuerung der stets zu reformierenden Christenheit (*Ecclesia semper reformanda)* ging es da wie dort. So wird mit guten Gründen auf die ökumenische Gemeinsamkeit aufmerksam gemacht, die zwischen so eigengeprägten Persönlichkeiten wie Martin Luther, Ignatius von Loyola und Teresa von Avila besteht.[19] Doch darüber hinaus ist von Nach- und von Fernwirkungen der teresianischen Spiritualität zu sprechen. Da ist zunächst die hohe kircheninterne Anerkennung. Sie ergibt sich aus der Tatsache,

19 Rogelio Garcia-Mateo: Martin Luther, Ignatius von Loyola, Teresa von Avila. Ökumenische Gemeinsamkeit in spirituellen Grunderfahrungen, in: Geist und Leben. 59. Jahrgang 1986, S. 343 ff.

dass ihr – einer Frau in der römischen Kirche! – abgesehen von ihrer Heiligsprechung besondere Wertschätzung zuteil wird und die Integration ihrer Spiritualität schon bald nach ihrem Tod 1582 eingesetzt hat. Auch wenn die mystische Frömmigkeit an das Erleben jedes und jeder Einzelnen gebunden ist, so ging von Teresa von Avila wie von ihrem Schüler Johannes vom Kreuz und weiteren Geistesverwandten eine ebenso beispielgebende wie anregende Kraft aus, und dies über nahezu vier Jahrhunderte hinweg bis heute.

Das wird durch die überkonfessionell zu beobachtende Nachfrage nach ihrem mystagogischen, der Seelenführung dienenden, Schrifttum bestätigt. Gewiss gab es – wie so oft in der Spiritualitätsgeschichte – auch mancherlei Fehlformen, etwa in Gestalt bloßer äußerlich bleibender Nachahmung.[20] Aber als sich in der Mitte des 20. Jahrhunderts das östlich-fernöstliche Meditations- und Übungswesen eines starken Zuspruchs zu erfreuen begann, wuchs auch das Interesse an dem Reichtum christlicher Erfahrungsweisen, die selbst in kirchlich-religiösen Kreisen vergessen und unbekannt geworden waren. Zu den wichtigsten Wiederentdeckungen gehörten Teresas mystagogische Werke, an ihrer Spitze *Der Weg der Vollkommenheit* und *Die Wohnungen der inneren Burg*. Nicht wenige, die beispielsweise durch die Yoga-Praxis, durch die Sufi-Mystik

20 Geistliche Erfahrungen der Karmelitermystik, die sich als „emotional leicht nachvollziehbar“ beschreiben lassen, haben auch manche Schattenseite. „Dass gerade diese Klarheit aber auch zu illusionärer Nachahmung geführt hat, zeigt etwa die Korrespondenz von Franz von Sales, der seine übereifrigen mystikbesessenen Adepten immer wieder zur Zurückhaltung mahnen muss.“ (Manfred Tietz in: Wörterbuch der Mystik. Hrsg. Peter Dinzelbacher. Stuttgart 1989, S. 297.

oder den Zen-Weg einen Anstoß für ihr geistliches Leben erfuhren, waren überrascht, auch in der karmelitischen Mystik Teresas mit der Abfolge von aktiven und passiven Gebetsstufen vertraut werden zu können. „Ich hätte nicht gedacht“, gesteht die Hispanistin und Teresa-Forscherin Erika Lorenz von ihrer Entdeckung fasziniert, „dass dieses beglückende und stärkende Freiwerden vom diskursiven Denken und den üblichen Ich-Aktivitäten, die meditative Versenkung also, schon im 16. Jahrhundert bekannt war und offenbar in weiten Kreisen praktiziert wurde (nicht immer zur Freude der Kirche!) ... Beglückt sah ich, wie hier jede Phase des ‚Transzendierens‘ uns Gott persönlich näher bringt, seine liebende Gegenwart dialoghaft spüren lässt.“[21]

Dem fügt der Karmelit und Teresa-Herausgeber Ulrich Dobhan hinzu: „Teresas Wirkung in alle Bereiche des christlichen Lebens hinein, ja selbst in nichtchristliche Religionen, ist außerordentlich groß. Das beweisen einmal die ständigen Neuauflagen ihrer Schriften, aber auch die Übersetzungen ihrer Werke in viele Sprachen, wie auch ihre Ernennung zur Kirchenlehrerin als erste Frau (!) in der Kirche 1970 ... Teresa wird zur Anwältin einer von der Praxis Jesu her grundgelegten und legitimierten Gleichberechtigung der Frau, womit sie sich in einem sehr tiefen Sinn als Feministin erweist. Doch im Gegensatz zu vielen heutigen Ansätzen in diesem Bereich geht es ihr nicht darum, etwas zu erkämpfen, sondern zur wahren Freiheit zu verhelfen.“[22]

21 Erika Lorenz: Vom Karma zum Karmel. Erfahrungen auf dem inneren Weg. Freiburg 1989, S. 125 f.

22 Ulrich Dobhan, in: TRE Band 33, S. 77 f.

Dazu ein Hinweis des Jesuiten Josef Sudbrack (1925 – 2010), auf den abschließend nochmals zurückzukommen sein wird: „Jede Zeit muss neu überlegen, wie dieses evangelische Anliegen der Teresa zu verwirklichen ist. Was das konkret bedeutet, ein Leben des Betens zu führen, das einerseits ohne räumliche und zeitliche Sammlung der Abgeschlossenheit nicht möglich ist, ... kann nicht die Aufgabe einer literarischen Beschäftigung mit Teresa, sondern nur die eines Lebens als Karmelit und Karmelitin sein. Doch aus der literarischen Beschäftigung mit Teresa drängt eine Einsicht sich unabweislich auf: Nur wo beide Säulen ihres Lebens zum Tragen kommen, Innerlichkeit und Zeugnisgeben von der Innerlichkeit, ist ihr Erbe voll bewahrt und bruchlos in unsere Zeit hineingetragen."[23]

Wiewohl Teresa von ihrem biografischen Ansatz her als Karmelitin ihren Weg der Christusnachfolge konsequent gegangen ist, kann ihre durch die franziskanische wie dominikanische Spiritualität beeinflusste Mystik nicht als weltverschlossen bezeichnet werden. In ihren einschlägigen Studien hebt die ihr verbundene Nonne Waltraud Herbstrith Teresas Sicht der „Personalität" Gottes als höchster Form des Bei-sich-selbst-Seins und des Zum-anderen-Seins hervor. „Die gläubige Antwort auf Gottes Erbarmen kann auch heute das persönliche Gebet sein. Teresas Sprechen mit Gott sieht sich heute jedoch der Frage ausgesetzt, wie authentische Welterfahrung in die mystische Bewegung des Subjekts zu integrieren ist."[24]

23 Josef Sudbrack: Erfahrung einer Liebe. Teresa von Avilas Mystik als Begegnung mit Gott. Freiburg 1979, S. 134 f.

24 Waltraud Herbstrith, in: Argumente für Gott. Gott-Denker von der Antike bis zur Gegenwart. Hrsg. Karl-Heinz Weger. Freiburg 1987, S. 368.

6. Zur vorliegenden Auswahl

Auf der Basis der spanischen Gesamtausgabe liegen zahlreiche Übersetzungen vor (vgl. Literatur). Die erste vollständige Übertragung ins Deutsche stammt von Ludwig Clarus: Werke der heiligen Theresia von Jesus. Regensburg 1851 ff. Sie liegt dieser Auswahl in gestraffter Form und unter Berücksichtigung der in der Übersicht aufgeführten Textausgaben zugrunde. Als Schlüssel für die Zitate dienen üblicherweise die Siglen:

CE Camino de Perfección de El Escorial – Weg der Vollkommenheit (nach dem Manuskript des El Escorial)
Cta Carta – Brief
CV Camino de Perfección de Valladolid – Weg der Vollkommenheit (nach dem Manuskript von Valladolid)
F Libro de las Fundaciones – Buch der Gründungen
M Las Moradas del castillo interior – Wohnungen der inneren Burg bzw. Seelenburg
V Vida – Das Buch meines Lebens

Die den Kapiteln beigefügten Überschriften stammen vom Herausgeber. Die Zusammenstellung der Zeittafel folgt den Angaben von Erika Lorenz (1982).

II. Die Texte

1. Das Buch meines Lebens (Vida)

Aus Kindertagen – 1. Kapitel

Der Besitz tugendhafter und gottesfürchtiger Eltern hätte mir, um gut zu sein, genügen müssen. Mein Vater war ein Liebhaber guter Bücher. Er besaß auch solche in spanischer Sprache, damit seine Kinder darin lesen möchten. Dazu kam die Sorgfalt, welche meine Mutter aufwandte, um uns beten zu lehren und unsere Andacht der lieben Frau und einigen anderen Heiligen zuzuwenden. Damit begann ich, wenn ich mich nicht täusche, im Alter von sechs oder sieben Jahren. Förderlich war mir die Beobachtung, dass ich die Gunst meiner Eltern nur durch Tugend erlangen konnte. Dadurch waren sie ausgezeichnet.

Mein Vater war ein Mann von großer Liebe gegenüber Armen. Sein Mitleid mit Kranken und mit Untergebenen war so groß, dass man es bei ihm nicht durchsetzen konnte, Sklaven zu halten. Als einmal eine Sklavin eines seiner Brüder in unserm Haus war, behandelte er sie wie seine eigenen Kinder. Er war von großer Wahrheitsliebe. Nie hörte ihn jemand fluchen oder anderen Menschen Übles nachreden. Er war in hohem Maße ehrbar. Auch meine

Mutter besaß viele Tugenden. Sie hatte in ihrem Leben viele Krankheiten zu bestehen. Ihre Lebensführung war vorbildlich. Obgleich sie außergewöhnlich schön war, erweckte sie nie den Anschein, dass sie darauf besonderen Wert legte. Obwohl sie im Alter von erst 33 Jahren verstarb, kleidete sie sich eher wie eine betagte Frau. Sie war sehr sanftmütig und klug. Groß waren die Belastungen, die sie auf christliche Weise trug ... Wir waren drei Schwestern und neun Brüder. Sie glichen außer mir, obwohl mein Vater mich am meisten liebte, dank der Güte Gottes, ihren Eltern an Tugenden ...

Wenn ich die Leiden betrachtete, die die Heiligen für Gott erduldeten, so schien es mir, als hätten sie den Eingang zum Genusse Gottes sehr wohl verdient. Mich verlangte sehr, auch so zu sterben, und zwar nicht etwa aus einer Liebe zu Gott, sondern um so auf kurzem Weg zum Genuss der großen Güter zu gelangen, die es, wie ich gelesen hatte, im Himmel gab ...

Ich bemühte mich um Einsamkeit, um meine andächtigen Gebete, deren viele waren, besonders den Rosenkranz, zu dem meine Mutter eine große Andacht hatte, zu beten. Es machte mir, wenn ich mit anderen kleinen Mädchen spielte, ein großes Vergnügen, Klöster anzulegen, als wären wir Nonnen. Ich meine, ich hatte auch Verlangen, eine Nonne zu werden, doch weniger stark als nach anderen Dingen.[25]

25 In ihren Aufzeichnungen ist Teresa bestrebt, sich – im Gegensatz zu anderen – nicht nur allerlei Mängel und Nachlässigkeiten zu bezichtigen, sondern auch ihre guten Eigenschaften und Bestrebungen als weniger wertvoll herunterzuspielen.

Jetzt schmerzt es mich sehr, wenn ich betrachte und bedenke, welches der Grund gewesen ist, dass ich in den heilsamen Wünschen, womit ich begonnen hatte, nicht standhaft war. – Ach Herr, wenn du, wie ich glaube, beschlossen hattest, dass ich gerettet werde, und du mir so viele Gnaden hast erweisen wollen und mir erwiesen hast, tatest du dies meines Vorteils wegen und nicht zu deiner Verherrlichung, sodass die Wohnung, in der du immer weilen solltest, unbeschmutzt blieb.

Anfänge des klösterlichen Lebens – 4. Kapitel

Indem ich das Ordenskleid nahm, gab mir der Herr alsbald zu erkennen, wie er diejenigen begünstigt, welche sich [in Selbstdisziplin] Gewalt antun, um ihm zu dienen. Denn niemand bemerkte diesen Zwang an mir, sondern man erblickte nur die größte Bereitwilligkeit. Sofort kam auch eine so große Freude über mich, dass ich diesen Stand annahm. Diese Freude hat mich bis heute niemals verlassen. Gott wandelte die Dürre meiner Seele in große Herzinnigkeit. Alles, was im Orden vorkam, machte mir Vergnügen; das ist wahr. In der Tat brachte ich mehrmals die Stunden der Hausreinigung zu, die ich einst zu meinem eigenen Putz und zur Bequemlichkeit verwendet hatte. Und wenn ich mich jetzt erinnere, dass ich hiervon frei sei, so bereitete mir das neue Freude, über die ich mich wunderte, ohne dass ich begreifen konnte, woher dieselbe kam. Denke ich daran, so meine ich, dass man mir nichts auch noch so Schweres hätte vorlegen können, das ich nicht ohne Zögern angepackt hätte. Denn ich habe vielfach die Erfahrung gemacht, dass mir der Entschluss, etwas zu tun, förderlich war ...

Wenn ich jemandem einen Rat zu erteilen hätte, nie würde ich raten, eine gute Eingebung, wie häufig sie auch geschieht, aus Furcht, sie ins Werk zu setzen, zu unterlassen. Denn wenn man nur um Gottes willen etwas unternimmt, so darf man nicht etwa fürchten, dass es misslingen könnte oder schlecht laufen würde ...

Das Lesen [erbaulicher Bücher] gefiel mir sehr. Ich begann, mich zeitweise in die Einsamkeit zurückzuziehen, ausführlich zu beichten und so den Weg einzuschlagen, in dem das Buch[26] mich unterwies. Denn ich fand sonst keinen Beichtvater, der mich verstand, obwohl ich einen solchen zwanzig Jahre hindurch gesucht hatte. Das hat mir großen Schaden verursacht, indem ich nicht nur häufig rückfällig wurde, sondern auch in Gefahr geriet, mich völlig zu verlieren ... Unter diesen Anfängen begann Gott mir die ganze Zeit hindurch große Gnaden zu erweisen. Ich war indes nicht so von jeder Beleidigung Gottes frei, wie es das Buch verlangt.

Vom Glück des inneren Gebets – 8. Kapitel

Über dass Glück, das der besitzt, der sich im Gebet übt, haben viele gute und heilige Männer geschrieben. Ich meine das innerliche Gebet. Gott sei dafür verherrlicht! Wäre dies nicht der Fall, so würde ich, wie sehr es mir auch an Demut fehlt, doch nicht so dünkelhaft sein, mich ebenfalls darüber zu äußern. Doch das kann ich aus Überzeugung versichern: Wer einmal dieses Gebet zu üben begonnen hat, der gebe dasselbe nicht wieder auf. Denn es ist das

---

26 Gemeint ist Francisco de Osunas Buch Das dritte geistliche ABC, das Teresa in den Krankheitstagen erhalten hatte.

Mittel, durch das ihm wieder Heilung gebracht werden kann, und ohne dasselbe wäre die Heilung weit schwerer ... Man glaube, dass Gottes Worte nicht trügen können. Denn wenn wir rechte Reue empfinden und uns entschlossen haben, Gott nicht zu beleidigen, so kehrt er zur alten Freundschaft mit uns zurück.

Wer aber dieses Gebet noch gar nicht angefangen hat, den bitte ich um der Liebe des Herrn willen, ein solches Gut nicht länger entbehren zu wollen. Hier gibt es nichts zu fürchten, sondern nur zu gewinnen. Denn wenn einer nicht vorwärts kommt und nicht solche Anstrengungen macht, vollkommen zu werden, dass er die Freuden und Wonnen verdient, welche Gott solchen Seelen gewährt, so wird er allmählich zur Kenntnis des Wegs gelangen, der zum Himmel führt. Bleibt er hierin beharrlich, so hoffe ich zur Barmherzigkeit Gottes, dass ihn niemand zum Freunde nimmt, dem er es nicht vergilt.

Meiner Ansicht nach ist das innere Gebet nichts anderes als ein freundschaftlicher Umgang mit Gott. Wir wissen: Der, mit dem wir in Verbindung stehen, liebt uns, auch wenn ihr ihn nicht liebt ... Ich begreife nicht, was diejenigen fürchten, welche sich vor dem Anfang des inneren Gebetes fürchten. Auch weiß ich nicht, wovor sie Besorgnis hegen. Es ist ein Meisterstück des Teufels, uns dergleichen einzuflößen, um uns richtig ins Unheil zu stürzen ...

Nachdem ich angefangen hatte, mich diesem Gebet zu widmen, wurde ich niemals müde, von Gott Zeugnis abzulegen und von ihm zu hören. Brachten mir so die Predigten auf der einen Seite großen Trost, so erregten sie mir andererseits Qual, denn ich vernahm darin, wie ich bei Weitem noch nicht so war, wie ich hätte sein sollen. Ich bat, der Herr möge mir helfen. Doch, wie mir vorkommt, liegt mein Fehler darin, dass ich nicht in allem mein Vertrauen auf seine Majestät setzte. Ich suchte nach Abhilfe, machte Anstrengungen, verstand aber wohl nicht, dass all das wenig nützt, wenn wir unser Vertrauen nicht ganz auf Gott setzen, nachdem wir das Vertrauen auf uns ganz und gar aufgegeben haben.

Ein Gleichnis vom Anfangen – 11. Kapitel

Ich werde jetzt von denen sprechen, welche anfangen, Diener der Gottesliebe zu werden. Meines Erachtens ist es nichts anderes, als demjenigen auf dem Gebetsweg zu folgen, der uns so sehr geliebt hat. Es ist auch eine große Würde, dass mich schon der Gedanke daran mit außerordentlicher Freude erfüllt. Denn die knechtische Furcht weicht alsbald, wenn wir in diesem ersten Abschnitt so vorangehen, wie es uns obliegt. O Herr meiner Seele, du mein Gut! Warum wolltest du nicht, dass eine Seele, die den Entschluss gefasst hat, dich zu lieben, nicht bald zur Freude emporsteigt, diese vollkommene Liebe sich anzueignen? Doch ich hätte klagen und sagen sollen, dass wir es selbst gar nicht wollen. Die Schuld liegt bei uns, wenn wir nicht sogleich in den Genuss einer solch großen Würde gelangen. Denn wenn wir es dahin bringen, die vollkommene wahre Liebe Gottes zu besitzen, so folgt alles Gute daraus. Wir lieben uns ja selbst und sind [deshalb] zu träge, um uns Gott gänzlich auszuliefern.

Ihre Gedanken über den Anfang des geistlichen Lebens fortführend, wendet Teresa ein Gleichnis an, dessen Bilder ihr und ihren spanischen Lesern geläufig sind: die Wichtigkeit und Unverzichtbarkeit des Wassers für einen noch wilden, zu kultivierenden Garten. Auch ist zu klären, welche Bewässerungsarten gegebenenfalls infrage kommen. Dabei gibt sie zu bedenken, dass sie sich deshalb derartiger Vergleiche bediene, weil sie ungebildet und „nur eine Frau" sei. So lädt sie dazu ein, ihrer Beispielerzählung zu folgen, um Einblick und Anleitung für ihr Anliegen zu erhalten:

Derjenige, der da anfängt, soll sich vorstellen, er beginne einen Garten auf unfruchtbarem Boden zu bearbeiten. Der ist mit Unkraut überwuchert. Seine Majestät – also Gott – reißt das böse Unkraut aus und pflanzt gute Kräuter an. Wir sollen uns denken, das sei bereits geschehen, wenn eine Seele den Entschluss fasst, sich dem Gebet zu widmen und das Angefangene nutzbringend weiterzuführen. Mit der Hilfe Gottes müssen wir als gute Gärtner uns bemühen, das Wachstum dieser Pflanzen zu fördern. Wir müssen dafür sorgen, dass sie begossen werden, damit sie nicht verderben. Vielmehr wenn sie zur Blüte gelangen, spenden sie zur Freude unseres Herrn einen guten Duft. Das mag ihn veranlassen, dass er häufig in seinen Garten kommt und darin zu seiner Freude lustwandelt. Es sind die [menschlichen] Tugenden, die seine Lust erregen.

Sehen wir nun, in welcher Weise der Garten begossen werden möge, damit wir erkennen, was wir zu tun haben. Wir wollen die aufzuwendende Mühe erwägen, etwa ob sie größer ist als der Gewinn, und wie viel Zeit wir für die Bewässerung brauchen. Ich meine, diese Bewässerung kann auf verschiedene Weise geschehen: entweder dadurch, dass man das Wasser aus einem Brunnen schöpft, was nur mit großer Mühe geschieht, oder mithilfe eines Schöpfrades oder durch Zugröhren. Auf diese Weise habe ich selber einige Male geschöpft. Diese Art ist nicht minder mühsam als die andere. Und man hat viel Wasser zu schöpfen. Oder man leitet das Wasser von einem Fluss her. So begießt sich das Land weit besser, und das Erdreich hat länger Überfluss an Wasser. Man hat es nicht nötig zu gießen, und der Gärtner hat weit geringere Mühe. Oder endlich [die Situation], dass es häufig regnet, und der Herr begießt, ohne dass wir irgendeine Mühe anwenden müssen. Diese Weise ist zweifellos besser als alle genannten Methoden.

Nun zum springenden Punkt der Übertragung des Gleichnisbildes auf das geistliche Leben und seine Aktivierung beziehungsweise praktische Umsetzung:

Wendet man diese vier Bewässerungsarten an, mit denen der Garten instand gehalten werden kann, da er sonst zugrunde gehen wird, so findet man Beziehungen auf meinen Fall. Ich denke, man wird dadurch in etwa die vier Stufen des Gebets erklären können, auf welche der Herr durch seine Güte meine Seele einige Male gestellt hat. Möchte es seiner Güte gefallen, dass ich hierbei das Richtige treffe ...

Nun können wir sagen: Anfänger im Gebet sind diejenigen, die das Wasser aus dem Brunnen ziehen. Das ist, wie ich schon sagte, eine sehr mühsame Arbeit, denn es wird sie ermüden, ihre Sinne zu sammeln, was äußerst schwierig ist, weil sie an ein Leben der Zerstreuung gewöhnt sind. Anfänger müssen sich daran gewöhnen, nicht auf das zu achten, was sie sehen oder hören, und während der Gebetsstunden sich darin üben. Sie müssen sich in das eigene Innere zurückziehen und in der Einsamkeit über ihr vergangenes Leben nachsinnen; was wir in der Tat tun sollten, ob wir uns am Anfang des Weges oder kurz vor seinem Ende befinden.

Es gibt jedoch Unterschiede, bis zu welchem Grad das zu geschehen hat, wie ich später zeigen werde. Zuerst bereitet es Schmerzen, weil Anfänger nicht immer ganz sicher sind, ob sie ihre Sünden bereut haben. Sie taten es ohne Zweifel, da sie sich entschlossen haben, Gott treu zu dienen. Dann müssen sie bestrebt sein, über das Leben Christi zu meditieren, was sie geistig ermüdet. So allein können wir Fortschritte machen. Dies mit Gottes Hilfe, denn ohne dieselbe können wir, wie jedermann weiß, keinen einzigen guten Gedanken fassen.

Dies ist mit den Worten gemeint, man solle damit beginnen, das Wasser aus dem Brunnen heraufzuziehen, und gebe Gott es sei welches darin! Das aber hängt wenigstens nicht von uns ab. Unsere Aufgabe besteht darin, es hochzuziehen und so gut wie möglich die Blumen zu begießen. Gott ist aber so gütig, um, wenn es ihm beliebt, vielleicht zu unserem Besten, aus nur seiner Majestät bekannten Gründen den Brunnen austrocknen zu lassen. Und wir als gute Gärtner tun alles, was in unserer Macht steht, [während] er die Blumen auch ohne Wasser nicht verdorren und die Tugend weiter zunehmen lässt. Mit Wasser meine ich hier Tränen, oder zum Mindesten, wenn keine Tränen vorhanden sind, Zärtlichkeit und ein inneres Gefühl der Hingabe.

Aber was soll ein Mensch tun, wenn er in diesem Fall tagelang nur Trockenheit, Unlust und Widerwillen empfindet und ihn so wenig danach verlangt, hinzugehen und

Wasser zu holen, sodass er es ganz aufgeben würde, wenn er nicht daran dächte, dass er es dem Herrn des Gartens zuliebe tut, und dass er ihm dient? Und wenn er nicht fürchtete, all sein Dienen sei vergeblich gewesen, ganz zu schweigen von dem Gewinn, den er von der großen Mühe erhofft, den Eimer beständig in den Brunnen hinabzulassen und ihn dann ohne Wasser heraufzuziehen? Oft wird er außerstande sein, dafür auch nur die Arme zu heben – außerstande nämlich, einen einzigen guten Gedanken zu fassen, denn mit dem Verstande zu arbeiten ist natürlich dasselbe wie Wasser aus dem Brunnen zu ziehen.

Was soll also der Gärtner, sage ich, in einem solchen Fall tun? Er wird sich freuen, neuen Mut schöpfen und es als die größte Gnade betrachten, im Garten eines so großen Herrn arbeiten zu dürfen. Und da er weiß, dass er ihm, dem Herrn, damit Freude bereitet – und seine Absicht soll sein, nicht sich selber, sondern ihm eine solche zu bereiten –, soll er ihn auf das Höchste preisen, dass er solches Vertrauen in ihn gesetzt hat, weil er sieht, dass er ohne irgendwelche Belohnung so große Sorgfalt auf das verwendet, was er ihm anvertraut hat. Er helfe ihm, das Kreuz zu tragen, und bedenke, dass er [Christus] es sein Leben lang getragen hat: Er wünsche sich kein Reich hier auf Erden oder lasse je ab vom Gebet. Und so beschließe er denn, selbst wenn seine Trockenheit zeit seines Lebens andauern sollte, Christus und sein Kreuz nicht fallen zu lassen ...

Wer die Freiheit des Geistes zu gewinnen begehrt und nicht immer in Bedrängnissen stecken bleiben mag, der fange damit an, sein Entsetzen vor dem Kreuz aufzugeben. Darüber wird er inne werden, wie ihm auch der Herr das

Kreuz tragen hilft, mit welcher Freude er vorankommt und welchen Vorteil er aus allem schöpft. Denn wir sehen ja schon, dass, wenn der Brunnen nicht fließt, wir kein Wasser schöpfen können. Wahr ist es auch, dass wir, wenn Wasser vorhanden ist, nicht lässig sein sollen, dasselbe zu schöpfen, denn alsdann will Gott auf diese Weise die Tugenden vermehren.

Christus als Lehrer – Kapitel 12, 6

Teresa lässt ihre Leser nicht im Unklaren darüber, welche Anstrengungen sie aufzuwenden hatte, um zu ihren späteren Einsichten zu gelangen. Dabei kommt es ihr, wie nicht anders zu erwarten, aber nicht etwa darauf an, mit ihren Leistungen zu prunken. Vielmehr liegt ihr daran zu zeigen, dass es trotz geistlicher Schwerfälligkeit des oder der Betreffenden im spirituellen Leben Momente eines blitzartigen Erkennens gibt. Und die stammen naturgemäß nicht vom Menschen; er empfängt sie auf dem Wege einer Inspiration. Sie ist jenseits des Wünschbaren, nach Art und Weise, nach Ort und Zeitpunkt nicht verfügbar.

Viele Jahre habe ich mit dem Lesen von mancherlei Dingen zugebracht, ohne davon etwas zu begreifen. Lange Zeit wusste ich auch von dem, was Gott mir gab, kein Wort zu sagen. Das hat mich nicht wenig Mühe gekostet. Wenn seine Majestät will, lehrt sie in einem Augenblick alles in der Weise, dass ich mich verwundere. Eines kann ich in Wahrheit sagen, obwohl ich mit vielen geistlichen Personen redete, welche mir begreiflich machen wollten, was der Herr mir gewährte, um mir das Sprechen darüber möglich zu machen, und wiewohl meine geistliche Schwerfälligkeit fürwahr so groß war, dass mir ihre Erläuterungen weder viel noch wenig halfen.

Der Herr – er sei für alles gepriesen, wie groß die Beschämung für mich auch ist, dies in Wahrheit einzugestehen – der Herr also ist allezeit mein Lehrmeister gewesen. Er wollte wohl, dass ich hierbei niemand anderem etwas zu verdanken hätte. Ich hatte es weder gewollt noch erbeten, denn in dieser Hinsicht war ich nie so vorwitzig wie bei anderen, das heißt bei nichtigen Dingen. Denn Gott gab mir in einem Augenblick das Verständnis in voller Klarheit, dass ich auch davon dergestalt zu sprechen wusste, dass sich meine Beichtväter verwunderten. Ich verwunderte mich noch mehr als sie, da ich meine Ungeschicklichkeit am besten einsah. Das ist noch nicht lange her. So gebe ich mir nun um das, was der Herr mich [noch] nicht gelehrt hat, keine weitere Mühe, sondern ich bekümmere mich nur um das, was mein Gewissen angeht.

Ich wiederhole noch einmal die Warnung, dass viel daran liegt, den Geist nicht emporzuheben, wenn der Herr ihn nicht hebt. Wenn dies geschieht, merkt man es bald ... Auch habe ich unter großer Verwirrung und Scham geschrieben. Allein der Herr sei für alles gepriesen, dass er einer Frau wie mir zugesteht und bewilligt, dass sie von seinen Dingen reden darf, die so groß und erhaben sind.

Durchbohrung des Herzens – 29. Kapitel

Wie an anderer Stelle angemerkt, war es der italienische Bildhauer Giovanni Lorenzo Bernini, der es unternahm, eine stark erotisch getönte und damit besonders eindrück-

liche Vision Teresas in einer Skulptur festzuhalten. Die Schilderung hat ihren Platz an zentraler Stelle der „Vida". Sie bezeugt die durch die Gottesliebe verursachte Seelenpein, die bisweilen mit körperlichen Schmerzen verbunden sei, sodass man, wie in einer Ohnmacht, zu irgendeinem anderen Tun nicht fähig ist; kaum dass man bei großer Schwäche zu atmen vermag. Dabei soll es sich, wie es im Bericht heißt, um ein sich wiederholendes Phänomen gehandelt haben[27]*:*

Es hat dem Herrn gefallen, mir in diesem Zustand einige Male die Gnade folgender Vision zu schenken: Neben mir auf meiner linken Seite sah ich leibhaftig einen Engel. Auf diese Weise sehe ich sie höchst selten. Mir erscheinen oft Engel, doch dies geht gewöhnlich so vor sich, ohne dass ich sie sehe, sondern so wie bei der zuerst besprochenen Vision. In diesem Fall aber wollte der Herr, dass ich den Engel in leiblicher Gestalt sehen sollte.

Er war nicht groß, er war klein und sehr schön. Sein Angesicht war so in Flammen, dass er mir einer der erhabensten Engel dünkte, die ganz entflammt zu sein scheinen. Es muss sich dabei um jene handeln, die man Cherubim nennt. Sie nennen mir zwar ihre Namen nicht. Aber ich sehe wohl, dass im Himmel zwischen den einen und den anderen Engeln ein unaussprechlicher Unterschied besteht. In den Händen des Engels, der mir erschien, sah ich einen langen goldenen Wurfpfeil, und es kam mir so vor, als sei an der Spitze des Eisens ein wenig Feuer. Ich hatte das Gefühl, als durchbohre er mir einige Male mein

27 Vgl. die Schilderung in etwas anderem Wortlaut auch bei A. Alkofer (V 29,15).

Herz bis ins Innerste, und wenn er den Wurfpfeil wieder herauszog, kam es mir vor, als zöge er diesen innersten Teil des Herzens mit heraus. Als er mich verließ, war ich ganz entflammt von feuriger Liebe zu Gott.

Der Schmerz dieser Verwundung war so groß, dass er mir die klagenden Seufzer abrang, von denen ich sprach; zugleich aber war die Wonne, die dieser ungeheure Schmerz auslöste, so überschwänglich, dass ich auf keinen Fall von ihm frei werden wollte oder mich mit etwas Geringerem zufriedengeben konnte als mit Gott. Es handelt sich dabei um keinen körperlichen, sondern vielmehr um einen geistigen Schmerz, obwohl auch der Leib, und zwar in nicht geringem Maß, an ihm Anteil hat. Der liebende Umgang zwischen der Seele und Gott seither ist so süß, dass ich den Herrn in seiner Güte anflehe, er wolle ihn dem gewähren, der vielleicht meint, dass ich hierbei lüge.

Solange dieser Zustand währte, ging ich umher, als wäre ich außer mir. Ich hätte weder sehen, noch sprechen können, sondern wollte mich nur in meinen Schmerz versenken ... Er, der einer Seele so hohe Gnaden zuteil werden lässt, einer Seele, die seiner großen Wohltaten so wenig würdig ist, sei gepriesen in Ewigkeit.

Die Bedeutsamkeit dieses Erlebnisses im Leben Teresas wird dadurch verstärkt, dass sie auch an einer Reihe anderer Stellen ihrer Schriften von einer derartigen Schmerz- und Lustempfindung vereinigenden Liebesverwundung spricht, und zwar – was nicht zu übersehen ist – mit Blick auf die Intensität des von ihr geübten inneren Gebetes. So schreibt sie (1576) dem ihr nahestehenden Mönch Pater Rodrigo Álvarez:

Eine andere sehr häufig vorkommende Gebetsweise ist eine Art Verwundung, wobei es der Seele vorkommt, als wenn man ihr einen Pfeil durchs Herz, ja durch sie selber, bohrt. Diese Verwundung verursacht den größten Schmerz, sodass die Seele laut aufjammern muss; aber er ist so wonnevoll, das man nie mehr ohne ihn sein möchte. Dieser Schmerz berührt aber nicht die körperlichen Sinne, da es keine materielle Verwundung ist. Man fühlt ihn vielmehr nur in der Seele, und es zeigt sich davon nichts im Körper. Man kann diesen Zustand nur durch Vergleiche veranschaulichen, die aber überaus plump, ja sogar für diesen Zweck sehr plump sind; auf andere Weise kann ich mich nicht ausdrücken.[28]

Freundschaft mit einem Ordensmann – 34. Kapitel

Wenn es zweifellos zutrifft, dass die im inneren Gebet sich ausdrückende Gottesfreundschaft aus Teresas Leben nicht wegzudenken ist, so stellt sich die Frage, wie sich bei ihr der freundschaftliche Umgang auf der menschlichen Ebene gestaltet haben mag, etwa zwischen ihr, der Karmelitin, und dem einen oder anderen Ordensmann, beispielsweise unter ihren Beichtvätern und engen Mitarbeitern. In ihren Aufzeichnungen kommt sie gelegentlich darauf zu sprechen. Anlässlich eines Seelsorgebesuchs ergab sich eine partnerschaftliche Beziehung, von der sie unbefangen berichtet:

Während ich dort war, fand sich auch ein Ordensmann ein, eine sehr vorzügliche Person, mit welcher ich vor vielen

28 Zitiert bei Alois Maria Haas: Mystik im Kontext. München 2004, S. 348.

Jahren einige Unterredungen gehabt hatte. Als ich mich einmal während der Messe in einem Kloster seines Ordens befand, ergriff mich das Verlangen zu erfahren, in welcher seelischen Verfassung er sich wohl befinde. Ich wünschte, dass er ein eifriger Diener Gottes sein möchte.

Ich war schon im Begriff, um hinzugehen und mit ihm zu reden. Da ich aber bereits ins Gebet versunken war, meinte ich hernach, es sei nur ein Zeitverlust. Ich fragte mich, was mich eigentlich veranlasste, mich hier einzumischen. Deshalb setzte ich das Gebet fort. So geschah es etwa dreimal. Zuletzt behielt aber der gute Engel die Oberhand über den bösen, und ich machte mich auf, ihn zu rufen. Er trat in einen Beichtstuhl, um mit mir zu reden. Wir begannen, uns über unser bisheriges Leben auszufragen. Denn seit vielen Jahren hatten wir uns nicht gesehen. Ich erzählte ihm zuerst, wie es in meinem Leben eine Kette von seelischen Belastungen gegeben habe. Er veranlasste mich, ich solle ihm sagen, worin sie bestanden hätten. Ich erwiderte, sie eigneten sich nicht für die Allgemeinheit und dass ich nicht darüber sprechen sollte.

Nach einigem Zögern beichtete Teresa und empfing von ihm als dem Priester mit der sakramentalen Absolution auch den seelischen wie geistlichen Ausgleich für ihr Problem. Darüber hinaus lag ihr daran, auch künftig an dem Charisma, offensichtlich nicht weniger an dem Charme des Ordensmannes teilzuhaben. Mit Geschick und dem ihr eigenen weiblichen Spürsinn verschaffte sie sich einen Vorwand, unter dem sie den weiteren Kontakt aufrechtzuerhalten suchte – offensichtlich mit Erfolg. Bemerkenswert ist der Gedanke mit der Anregung, wonach der ihr befreundet scheinende Mensch in die Freundschaft aufgenommen werden könnte, die sie mit Gott verbindet! Welch eine Idee!

Ich zog die großen Talente und Eigenschaften in Betracht, die er besaß, um weiter gefördert zu werden, wenn er sich gänzlich Gott ergäbe. Es ist nun einmal seit einigen Jahren meine Eigenart, dass ich keine Person, die mir sehr zusagt, [zu treffen vermag], ohne alsbald den Wunsch bei mir erwachen zu fühlen, sie ganz und gar Gott hingegeben zu sehen, und zwar mit einer Ängstlichkeit, die mir manchmal zu schaffen machte. Obwohl ich wünsche, alle Menschen möchten Gott dienen, so tritt bei mir sympathisch erscheinenden Personen dieser Wunsch mit Ungestüm auf. Deshalb bedränge ich den Herrn geradezu mit Fürbitten für sie. Und mit diesem Priester erging es mir ebenso.

Er bat mich, dass ich ihn Gott dringend anbefehlen möchte. Er hatte aber gar nicht nötig, es mir ausdrücklich zu sagen, denn ich war bereits so gestimmt, dass ich nichts anderes im Sinne hatte. Ich ging daher an den Ort, wo ich in der Regel mein Gebet verrichtete. Nachdem ich mich zum Beten gesammelt hatte, begann ich mich mit dem Herrn in ganz vertrauter Weise zu unterhalten. Häufig unterhalte ich mich, ohne eigentlich zu wissen, wovon ich spreche, denn die Liebe ist es, welche alsdann spricht, und die Seele ist hierbei so von sich selbst distanziert, dass ich auf den Unterschied zwischen ihr und Gott nicht achte. Denn die Liebe, mit der seine Majestät sie umfasst, macht sie selbstvergessen. Es kommt ihr vor, sie sei in ihm enthalten ...

So sprach ich [Gott] denn auch jenes Ordensmannes wegen. Unter Tränen bat ich Gott, er möge dessen Seele in wahrhafter Weise zu seinem Dienst bewegen. Obwohl ich das für gut hielt, gab ich mich nicht damit zufrieden. Ich wollte ihn gern sehr fromm haben. Deshalb sprach ich: „Herr, du darfst mir diese Gnade nicht abschlagen. Schau, dieser ist wohl geeignet, *unser Freund* [Hervorhebung G.W.] zu sein."

O über die Güte und große Zuneigung Gottes, welche nicht auf die Worte, sondern auf die Wünsche und den Willen achtet, mit denen sie ausgesprochen werden! Er sei gepriesen immerdar!

Ich erinnere mich, wie mich während dieser nächtlichen Stunden des Gebetes ein großer Schmerz bei dem Gedanken überfiel, ob auch ich in der Freundschaft Gottes stehe und wie ich nicht wissen könne, ob ich in der Gnade sei oder nicht. Bloße Neugierde lag dem nicht zugrunde. Ich wünschte mir vielmehr den Tod, um mich nicht mehr in einem Leben zu sehen, in welchem ich keine Gewissheit hatte, ob ich nicht tot sei. Denn es konnte für mich keinen grausameren Tod geben als den Gedanken, ob ich nicht Gott beleidigt habe. Dieser Schmerz beängstigte mich ...

Ich vernahm nun, wie ich wohl getröstet sein und vertrauen könne, dass ich diese Gnade besitze. Denn eine solche Gottesliebe sowie Gnadenerweise seiner Majestät und Empfindungen, wie er sie mir in die Seele gab, würden einer Seele nicht zuteil, die sich in irgendeiner Todsünde befände. Ich blieb nun voll Vertrauen, dass der Herr tun werde, was ich für den Ordensmann erbat ... Hätte ich es nicht selbst wahrgenommen, so hätte ich daran gezweifelt, dass in so kurzer Zeit ihm so mächtige Gnaden erwiesen worden sind und Gott ihn so mit sich beschäftigt habe, dass er für etwas Irdisches gar nicht mehr zu leben scheint ... Das aber sind Gaben, welche Gott verleiht, wann und wie er will, wobei es nicht auf die Zeit oder ihm geleistete Dienste ankommt.

Weiterhin spricht es für die natürliche Unbefangenheit der die Klausur streng achtenden Karmelitin, wenn sie zum Thema der Freundschaft in anderem Zusammenhang auf der Basis ihrer reifen menschlichen Erfahrung grundsätzlich sagen konnte:

Meine Seelenführer liebe ich immer sehr, denn ich sehe in ihnen wirklich Stellvertreter Gottes, und so wandte ich ihnen auch meine Liebe mehr zu, scheint mir. Da ich nun meiner selbst sicher war, verbarg ich ihnen meine Zuneigung nicht. Sie aber als gottesfürchtige, fromme Männer befürchteten, ich könne mich in mein Gefühl verstricken und – wenn auch in heiliger Weise – an sie fesseln lassen. Deshalb zeigten sie sich unfreundlich gegen mich ... Freilich gab ich ihnen nicht immer klar zu verstehen, dass ich mich von jeder Anhänglichkeit an Menschen frei wusste; ich behielt das für mich. Wenn sie mich dann besser kannten, merkten sie wohl, wie sehr ich dem Herrn in Dankbarkeit ergeben war. Darum hegten sie diese Befürchtungen immer nur im Anfang.[29]

---

29 Zitiert bei Otger Steggink: Erfahrung und Realismus bei Teresa von Avila und Johannes vom Kreuz. 1976, S. 120 f. – Zur Freundschaft zwischen dem jungen Seelsorger Pater Gracián und der etwa 60-jährigen Mutter Oberin vgl. Erika Lorenz: „Nicht alle Nonnen dürfen das". Teresa von Avila und Pater Gracián – die Geschichte einer großen Begegnung. Freiburg 1983.

Mystische Gebetserfahrungen – 40. Kapitel

Von ihren Seelsorgern zur umfassenden Schilderung ihrer Innenerlebnisse aufgefordert, sah sich Teresa immer wieder veranlasst und ermutigt, auch Beispiele ihrer außerordentlichen Innenwahrnehmungen in ihre Vita einzubeziehen. Gerade solche Mitteilungen erwarteten ihre Zeitgenossen, insbesondere ihre kirchlichen Oberen. Dabei ist die Berichterstatterin bemüht, das Unsagbare auch und gerade ohne Bilder aufzurufen. Und erwartete man bei der Besprechung einer ihrer vielen Visionen, dass da ein Etwas, ein Übersinnliches analog einer Sinneswahrnehmung, genannt werden solle, so muss sie zur Überraschung ihres Beichtvaters mit Blick auf solche innere Schau-Erlebnisse bisweilen sagen: „In der Vision sah ich nichts" oder: „Man sagte mir, ohne dass ich sah". Und eben dies signalisiert den Tatbestand als solchen, der fern jeder Gegenständlichkeit – nicht allein in ihrer Situation, sondern bei übersinnlichen Wahrnehmungen dieser Art prinzipiell – nur durch eine paradox klingende Redeweise angedeutet werden kann.

Als ich mich einst im Zustand des inneren Betens befand, war die in mir gefühlte Wonne so groß, dass ich mich eines solchen Glücks nicht für wert hielt. Ich fing an zu denken, dass ich weit eher verdiente, in der teuflischen Gottesferne zu sein. Nie vergesse ich die Art, wie ich mich [ein andermal] dort sah. Bei dieser Betrachtung begann meine Seele sich noch höher zu entflammen, und es kam eine solche Verzückung des Geistes über mich, dass ich es nicht zu sagen vermag. Ich meinte, ich sei, wie schon einmal, geradezu in die Fülle der Majestät versetzt.

In dieser Majestät wurde mir das Verständnis von einer Wahrheit eröffnet, welche aller Wahrheiten Vollendung ist. Wie dies kam, vermag ich nicht zu sagen, denn ich sah nichts! Es erfolgte eine Anrede, aber ich sah nicht, von wem. (Doch ich erkannte, dass es die Wahrheit selbst war.) Nichts Geringes ist es, was ich deinetwegen tue. Es ist vielmehr eines der Dinge, für welche du meine Schuldnerin bist. Denn aller Schaden, welcher die Welt trifft, besteht darin, dass man die Wahrheiten der Schrift nicht in aller Klarheit erkennt. Nicht ein Pünktchen darf fehlen.

Ich meinte, dass ich dergleichen immer geglaubt habe wie alle Gläubigen. Da sagte mir der Herr: O Tochter, wenige lieben mich mit Wahrheit. Liebten sie mich, so würde ich vor ihnen meine Geheimnisse nicht verbergen. Weißt du, was es heißt, mich in Wahrheit zu lieben? Erkennen muss man, dass alles Lüge ist, was mir missfällt. An dem Nutzen, den es deiner Seele bringen wird, wirst du das klar erkennen, was du jetzt nicht verstehst.

So habe ich es auch, Gottlob, erkannt. Denn seitdem erscheint mir alles, was ich wahrnehme, wenn es nicht auf den Dienst Gottes hinausläuft, so nichtig und lügenhaft, dass ich außerstande wäre zu sagen, wie ich es begreife und welches Mitleid mir die einflößen, die ich für die Wahrheit mit Finsternis umgeben erblicke ... Ich fühlte eine große Stärkung und fühlte mich zugleich imstande, mit allen meinen Kräften auch das kleinste Stück der göttlichen Schrift zu erfüllen. Ich meinte, es könne mir nichts vorkommen, das ich auf diesem Weg nicht überwinden sollte ...

Angesichts solcher Belege zur Wahrheitserkenntnis gibt es für Teresa immer nur Ausrufe des Erstaunens, wenn sie sich bewusst ist, in welcher Niedrigkeit sie sich befinde und dennoch von Gott großer Gnadenerweise gewürdigt wird. Deshalb zeigt sie sich darüber beschämt.

O du meine Größe und Majestät! Was tust du alles, o du mein allmächtiger Herr! Sieh zu, wem du so erhabene Gnaden erteilst. Erinnerst du dich nicht, welch ein Lügenabgrund, welch ein Meer von Nichtigkeiten – und zwar alles durch meine Schuld – ich gewesen bin? Obwohl du mir eine natürliche Anlage gegeben hast, die Lüge zu verabscheuen, habe ich mich dennoch in vielen Stücken der Lüge ergeben. Wie kann, o mein Gott, eine Frau, die es so wenig um dich verdient hat, eine so große Gunst und Gnade ertragen?

Als ich einst mit den übrigen Schwestern das Stundengebet hielt, sammelte sich meine Seele plötzlich und stellte sich durch und durch als ein heller Spiegel dar; der war hinten wie vorn, oben wie unten ganz klar. In seinem Mittelpunkt zeigte sich mir Christus, unser Herr, wie ich ihn zu sehen gewohnt bin. Es kam mir vor, dass ich ihn in allen Teilen meiner Seele deutlich wie in einem Spiegel erblicke. Aber dieser Spiegel war gleichsam in dem Herrn selbst, dank der liebenden Gemeinschaft, die zu schildern ich unfähig bin ... Bei den Ketzern soll der Spiegel wie zerbrochen sein, was weit übler ist, als wenn er verdunkelt wäre ...

Je tiefer und intensiver ein außerordentliches, ein anrührendes Erlebnis ist, von dem man erfasst wird, desto größer ist das Bedürfnis, davon zu sprechen, es seiner Außerordentlichkeit wegen im Spiegel eines Mitmen-

schen zu erwägen. Doch dazu bedarf es einer Person, die über das hierfür erforderliche Sensorium, auch über das angemessene Urteilsvermögen, verfügt und zu der eine entsprechende seelisch-geistige Verbindung besteht. Wie muss es erst einem Menschen ergehen, bei dem – wie bei Teresa – derlei Ereignisse geradezu zum Alltag gehören! Fehlt jedoch der äußere Geleiter oder Berater, dann ist auf den inneren Meister zu achten.

Überall bedarf man der Erfahrung und eines Führers. Denn wenn die Seele bis hierher gelangt ist, bieten sich viele Anlässe, über die sie mit jemandem sprechen muss. Hat sie einen solchen gesucht, aber nicht gefunden, so wird der Herr sie nicht verlassen, wie er auch mich nicht verlassen hat, die ich so gering bin. Ich glaube, es gibt wenige, welche so viele Dinge erfahren haben. Wo die Erfahrung fehlt, ist es vergebens, Mittel vorzuschreiben. Die schaffen nur Unruhe und Betrübnis. Allerdings wird der Herr auch dies in Ordnung bringen. Es ist darum immer besser, sich darüber zu beraten.

Als ich mich einmal im Gebet befand, wurde mir in sehr kurzer Zeit[30] gezeigt, wie man in Gott alle Dinge erblickt und wie er alles in sich enthält. Das geschah, ohne dass ich etwa Gestaltetes erblickte, obwohl es sich um eine vollkommen deutliche Vorstellung handelte. Zu beschreiben vermag ich das nicht. Allein es blieb mir dies in die Seele eingeprägt. Es ist eine der größten Gna-

30 Derartige Momente korrespondieren offensichtlich mit dem, was im mystischen Kontext „raptus" genannt wird; darunter versteht man das blitzartige Ergriffensein, herausgelöst aus dem alltäglichen Erlebniszusammenhang.

den, welche mir der Herr erwiesen hat. Es war eine von denen, die mich verwirrt und beschämt machen, wenn ich mich der von mir begangenen Sünden [ebenfalls] erinnere ...

Es kam mir vor, wie gesagt, als sähe ich nichts. Doch kann ich es nicht bestimmt versichern. Allein etwas muss man doch sehen, da ich es infolge einer Erinnerung verständlich machen kann. Nur ist der Vorgang so zart und subtil, dass der Verstand es nicht zu erreichen vermag. Oder ich verstehe mich nicht auf diese Visionen, welche nicht als imaginär erscheinen. Aber doch muss in ihnen etwas Derartiges vorkommen. Weil jedoch die Geisteskräfte sich in der Verfassung des Erhobenseins befinden, so sind sie nachher nicht in der Lage, das Geschaute so zu gestalten, wie es der Herr ihnen eingab und es erleben lassen wollte.

Wir wollen also sagen, die Gottheit sei wie ein überaus klarer Diamant, der weit größer ist als die ganze Welt, oder ein Spiegel nach der Art desjenigen, welcher in der früher gedachten Vision die Seele empfing, nur dass er auf eine weit erhabenere Weise sich zeigte; auf eine Weise, die ich nicht hoch genug vorzuführen vermag und dass alles, was wir tun, in diesem Diamanten gesehen wird, so gesehen wird, dass er alles in sich schließt, und weil es nichts gibt, was über diese Größe hinausgeht.

Staunenswert war es für mich, in so kurzer Zeit so vieles in diesen klaren Diamanten nebeneinander zu erblicken. Höchst bedauerlich ist es mir andererseits jedes Mal, wie gar so garstige Dinge, wie es meine Sünden sind, sich in jener klaren Lauterkeit ebenfalls darstellten. Gewiss, wenn ich daran denke, weiß ich nicht, wie ich es ertragen kann. Deshalb wurde ich damals auch so von Scham erfüllt, dass ich nicht wusste, wohin ich mich wenden sollte ...

Bisweilen lässt Teresa durchblicken, welche Gedanken sich in Gestalt innerer Bilder sie beeindrucken. Da kann es schon vorkommen, dass die Anwesenheit des gesegneten Sakraments zumindest für Augenblicke aus ihrem Bewusstsein gerät und ganz andere Gedankeninhalte ebenfalls in bildhafter Weise in ihr hervorgerufen werden.

Als ich mich einmal in großer Sammlung, in Zärtlichkeit und Ruhe im Zustand des inneren Betens befand, kam es mir vor, als sei ich von Engeln umgeben und ganz in der Nähe Gottes. Ich begann seine Majestät für die Kirche zu bitten. Es wurde mir die Erkenntnis geschenkt, einen wie großen Nutzen ein Orden in der jüngsten Zeit stiften und mit welcher Tapferkeit dessen Mitglieder kämpferisch für den Glauben eintreten.

Als ich ferner einmal vor dem allerheiligsten Sakrament betete, erschien mir ein Heiliger, dessen Orden etwas in Verfall geraten war ... Als ich ein anderes Mal dem nächtlichen Chorgebet [Matutin] beiwohnte, erschienen mir sechs oder sieben Personen, anscheinend aus demselben Ordensverband. Sie hatten Schwerter in den Händen. Ich meine, dadurch wird zu verstehen gegeben, dass jener den Glauben verteidigen soll. Denn als ich einmal mitten im Gebet war, wurde mein Geist erhoben, und ich meinte, ich befände mich auf einem weiten Feld, wo viele gegeneinander kämpften. Und die Mitglieder jenes Ordens fochten mit großem Eifer. Ihre Gesichter waren schön und ganz entflammt. Sie warfen viele Besiegte zu Boden; andere töteten sie. Der Kampf schien mir gegen die Ketzer gerichtet zu sein.[31]

Dass man seherisch Begabte nicht selten als Orakel für egoistische Interessen benutzen möchte, erlebte Teresa ebenfalls. Da waren „Geistliche", insbesondere jene, die sich selbst als solche gern bezeichnen lassen, keineswegs ausgenommen!

Einmal bat mich jemand, ich möge Gott bitten, dass derselbe ihm zu erkennen geben wolle, ob ihm damit gedient sein werde, wenn er ein Bistum annähme. Nachdem ich kommuniziert hatte, sagte mir der Herr: Wenn jener mit voller Wahrheit und Klarheit einsähe, wie die wahre Herrschaft darin bestehe, nichts zu besitzen, dann werde er es annehmen können. Hierdurch gab er zu erkennen, dass, wer Vorsteher-Ämter übernehmen will, von dem Interesse daran ganz entfernt sein müsse, dergleichen zu verlangen oder zu begehren oder auch nur sich darum zu bewerben ...

Eines Tages erschreckte mich der Gedanke, ob es nicht eine verwerfliche Neigung sei, so gern bei den Personen zu sein, mit denen meine Seele verkehrte, und dieselben so wie jene lieb zu haben, die ich als eifrige Diener Gottes erkenne ... Da sprach er: Wenn ein Kranker, der in Todesgefahr schwebt, glaube, dass seine Genesung vom Arzt

31 Zu denken ist an da und dort sich ereignende militärische Auseinandersetzungen, beispielsweise an die Verfolgung der protestantischen Hugenotten in Frankreich, auf die Teresa auch an anderen Stellen ihrer Vida zu sprechen kommt.

komme, so würde das einer schlechten Tugend entsprechen, wenn er es unterlassen wollte, ihm zu danken, oder wenn er ihn nicht liebte ...

Andere Male bin ich so, dass es mir nicht leid ist zu leben, noch auch, wie mir vorkommt, ich hätte Lust zu sterben. Dagegen stecke ich in Trägheit und Dunkelheit aller Dinge, dass ich oft darum sehr bekümmert bin. Weil der Herr es so gewollt hat, dass die Gnaden, welche seine Majestät mir erweist, öffentlich bekannt würden, ein Ereignis, das er mir schon vor mehreren Jahren vorausgesagt hat. So habe ich auch bisher nicht wenig leiden müssen, weil jeder es so aufnimmt, wie es ihm beliebt.

Jetzt macht mir all das sehr wenig zu schaffen, wenn man mich etwa tadelt oder andere sich fürchten, mit mir in Verbindung zu kommen, oder sogar mir die Beichte abzunehmen [scheuen], während mir andere Übles nachreden. Denn ich erkenne, dass der Herr dadurch vielen Seelen hat helfen wollen ...

An ihren geistlichen Betreuer, der das Buch ihres Lebens vermutlich als Erster gelesen hat, richtet Teresa am Ende ihres Buches einige abschließende Worte. Sie belegen nochmals, dass es sich um eine Auftragsarbeit von Teresas Beichtvätern gehandelt hat. Aus ihren vorsichtigen Bemerkungen spricht eine nicht unbegründete Sorge, die Inquisitoren könnten an der einen oder anderen Formulierung ihrer Schilderungen Anstoß nehmen. Doch Teresa muss darauf sehen, als eine in jeder Hinsicht gehorsame Tochter ihrer Kirche betrachtet zu werden. Im Übrigen stellt sie ihren Kritikern anheim, mit dem Buch zu verfahren, wie sie es, je nach Einschätzung seiner etwaigen Qualität, für geboten halten:

Auf diese Weise lebe ich nun, mein Herr und Vater. Mögen Sie Gott bitten, dass er mich zu sich nehme und mir eingebe, wie ich ihm dienen möge. Seiner Majestät wolle es gefallen, dass dasjenige, das ich hier geschrieben habe, Euer Gnaden einigen Nutzen schaffe. Denn wegen Mangel an Muße hat es Mühe gekostet. Glücklich soll die Anstrengung genannt sein, wenn es mir gelungen wäre, wofür der Herr auch nur ein einziges Mal gepriesen würde, denn damit hielte ich mich für belohnt, sogar wenn Euer Gnaden es alsbald verbrennen sollten. Ich wünschte es aber nicht, dass es geschähe, bevor es die drei bekannten Männer gesehen haben, da sie meine Beichtväter sind und waren. Denn wenn es nichts taugt, so ist es gut, dass sie die gute Einschätzung preisgeben, die sie getroffen haben. Ist aber die Sache gut, dann sind sie so gut und gebildet genug, um einzusehen, woher sie kommt, und um den zu loben, der es durch mich ausgesprochen hat …

Möge es Gott gefallen, dass ich hier nicht geirrt habe, denn ich habe die Absicht und das Verlangen gehabt, das Rechte zu treffen, zu gehorchen und ein Anlass zu werden, dass der Herr durch mich ein wenig gelobt werde …

Möge es Gott, da er mächtig ist und vermag, was er will, gefallen, dass es mir in allem gelinge, seinen Willen zu erfüllen. Möge er nicht zulassen, dass diese Seele verloren gehe, welche seine Majestät durch so viele Mittel und Weisen so häufig aus der Hölle errettet und zu sich gezogen hat. Amen.

Nachbemerkung von Bruder Dominikus Banez:

Dieses Buch ist vollendet worden im Junius des Jahres 1572. Dies ist von dem ersten Mal zu verstehn, als es die Mutter Teresa von Jesus ohne Abteilung in Kapitel schrieb. Später fertigte sie diese Abschrift und fügte hinzu, was sich nach der früheren Abfassung zugetragen hat, zum Beispiel die Stiftung des Klosters zum heiligen Josef [San José] von Avila.

2. Weg der Vollkommenheit (Camino de Perfección)

Wie schon einleitend zum Ausdruck gebracht, ist dieses zweite hier vorzustellende mystagogische Hauptwerk der Klostergründerin und -reformerin ihren Schwestern, den Karmelitinnen, gewidmet. Und wie es von einem Leitfaden für den inneren Prozess zu erwarten ist, hat Teresa darin als geistliche Mutter ihren Töchtern im Kloster von San José in Avila Unterweisungen zu geben, seien es Ratschläge, seien es Warnungen, um für den zu beschreitenden Weg so gut wie nur möglich gerüstet zu sein. Darüber vergisst sie nicht, immer wieder auch auf die verführerische Macht des Widersachers im eigenen Innern aufmerksam zu machen. Neben grundsätzlichen Festlegungen ist auch eine Reihe von einzelnen, ins Praktische gehenden Hinweisen zu geben. Wichtig ist es der Anleiterin, ihren Mitschwestern das nötige Selbstbewusstsein zu stärken, beispielsweise im Umgang mit den ihnen vorgeordneten Theologen und Seelsorgern, denen im Rahmen des Beichtsakraments ein hohes Maß an Einflussmöglichkeiten auf junge, zum Gehorsam verpflichtete, in jeder Hinsicht unerfahrene Frauen gegeben ist. Zunächst geht es um die Sorge für das leibliche Wohl, das Teresa im Aufblick zu Gott durch eine heilige Unbekümmertheit bewältigen möchte. Gerade auch der zu Armut und Mäßigkeit verpflichtete Mensch muss – gestützt auf Gottvertrauen – mit dem Lebensnotwendigen versehen sein.

Sorglosigkeit erwerben – 2. Kapitel

Denkt nicht, meine Schwestern, dass es euch am Lebensunterhalt fehlen wird, weil ihr nicht nach Art der Weltleute lebt. Ich versichere euch das. Suchet euch nicht mittels menschlicher Kunstgriffe abzusichern; ihr werdet sonst vor Hunger sterben, und das dann mit Recht. Nur auf euren Bräutigam [Christus] richtet eure Blicke. Er soll für euch sorgen. Ist er mit euch zufrieden, dann werden euch, wenn sie es auch nicht wollen, diejenigen Nahrung reichen, welche euch am wenigsten zugeneigt sind, wie ihr es schon aus Erfahrung kennengelernt habt ...

Meine Töchter möchten sich überzeugt halten, dass der Herr zu eurem Glück mir einiges Verständnis des Glücks verliehen hat, das in der heiligen Armut geschlossen liegt. Diejenigen, die es erprobt haben, werden es verstehen, vielleicht nicht so gut wie ich, weil ich nicht bloß nicht arm am Geist bin, obwohl ich dazu Profess[32] getan habe, sondern am Geist geradezu töricht gewesen bin. [Diese Unbesorgtheit] ist ein Gut, das alle Güter der Welt in sich

32 Durch Ablegung der drei monastischen Gelübde der Armut, der ehelosen Keuschheit und des Gehorsams.

schließt. Es ist eine große Unabhängigkeit. Ich meine, es heißt über alle Güter gebieten, wenn einem dergleichen nicht gegeben ist ... Ich bin der Meinung, dass Ehre und Reichtum fast immer im Bunde gehen und dass, wer nach Ehre trachtet, auch das Geld nicht verschmäht, und dass, wer dieses verachtet, auch wenig auf Ehre gibt ... Mag seine Majestät uns immer an ihrer Hand halten, damit man nicht aus derselben falle. Amen.

Es gilt, die Ordensregel zu beachten – 4. Kapitel

Meine Töchter, ihr habt nun die Größe der Aufgabe erkannt. Sie zu erfüllen sind wir bestrebt. Wie müssen wir beschaffen sein, um vor den Augen Gottes und der Welt nicht für sehr dreist zu gelten? Es ist offenbar, wie wir zu diesem Zweck fleißig arbeiten müssen. Es hilft viel, wenn man sich hohen Gedanken hingibt und sich dann bemüht, die dazugehörigen Werke der Nächstenliebe zu tun ...

In unserer Regel heißt es, wir sollen beten ohne Unterlass.[33] Deshalb müssen wir dies mit aller möglichen Sorgfalt tun; denn es ist das Allerwichtigste ... Ein leichtfertiges Leben und das Gebet vertragen sich nicht miteinander. Alsdann werden wir aber auch nicht aufhören, das Fasten, die Disziplin, das Schweigen gemäß der Ordensvorschrift zu erfüllen. Ihr wisst schon, wie dies dazu beiträgt, dem Gebet Aufrichtigkeit zu verleihen ... Denkt nicht, meine Freundinnen und Schwestern, dass das, was ich euch auferlegen werde, ein Vielerlei darstelle. Wenn es Gott gefällt, wollen wir das, was unsere heiligen Väter anordneten

33 Paulus im ersten Thessalonicherbrief 5,17.

und hüteten, sorgfältig vollziehen. Es würde in die Irre führen, wenn wir einen andern Weg suchten. Auch würde uns niemand denselben lehren. Nur auf drei Dinge will ich erläuternd eingehen. Sie gehen aus unseren Satzungen selbst hervor, denn es liegt viel daran, dass wir den großen Vorteil vom Grund her verstehen, der uns aufgeht, wenn wir dieselben beobachten, und um den inneren wie äußeren Frieden zu erhalten. Den hat uns der Herr so sehr ans Herz gelegt.

Das Erste ist unsere gegenseitige Liebe, das Andere das Freiwerden aus den Bindungen von allem Geschaffenen; das Dritte ist wahrhafte Demut. Obgleich ich sie zuletzt nannte, ist sie das Hauptsächlichste und umfasst die beiden anderen Stücke. Das erste Stück, eine große gegenseitige Liebe, hat sehr wichtige Konsequenzen. Denn es gibt nichts so Verdrießliches, das nicht mit Leichtigkeit von denen ertragen würde, die einander lieben. Es muss überaus arg sein, wenn es ihnen schwerfällt.

Es entsprach dem Feingefühl der erfahrenen Seelenführerin, dass Teresa auf die unterschiedlich geartete Spiritualität achtete, wie sie bei Frauen und Männern bisweilen in charakteristischer Weise und auffällig zutage tritt. Und dies in einer ausgeprägt frauenfeindlichen Gesellschaft, wie sie im Spanien des 16. Jahrhunderts und darüber hinaus bestanden hat. Ulrich Dobhan, selbst Karmelit, macht als Teresa-Kenner darauf aufmerksam, dass der Zensur immer wieder Einschätzungen Teresas in einschlägigen Textabschnitten zum Opfer fielen, und zwar speziell solche, in denen Teresa, wie es ihrer Art entspricht, unverblümt redet. Auch sei stets zu bedenken, dass es eben eine Frau ist, die ihr Erleben und Empfinden bezeugt und die schließlich den Mut hat, ihre Erfahrung rückhaltlos niederzuschreiben – oft für Frauen, gegebenenfalls aber auch zum Nutzen in der betont klerikal-antifeministischen Männergesellschaft ihrer Tage. Erst am Ende des 20. Jahrhunderts wurden der Forschung solche bis dahin nicht entzifferten Textteile zugänglich. Da heißt es, zu Gott gewandt, beispielsweise:

Es scheint Verwegenheit, zu denken, dass ich irgendwie dazu beitragen könnte, um das zu erreichen. Ich vertraue, mein Herr, auf diese deine Dienerinnen, die hier leben, von denen ich weiß und erlebe, dass sie nichts anderes wollen und beabsichtigen, als dir Freude zu machen. Für dich haben sie das Wenige, das sie besaßen, verlassen, und sie hätten gern mehr gehabt, um dir damit zu dienen ... Du, Herr meiner Seele, dir hat vor den Frauen nicht gegraut, als du durch diese Welt zogst, im Gegenteil, du hast sie immer mit großem Mitgefühl bevorzugt und hast bei ihnen genauso viel Liebe und mehr Glauben gefunden als bei den Männern, denn es war da deine heiligste Mutter, durch deren Verdienst – und weil wir ihr Gewand tragen – wir das verdienen, was wir wegen unserer Schuld nicht verdient haben.

Reicht es denn nicht, Herr, dass die Welt uns eingepfercht und für unfähig hält, in der Öffentlichkeit auch nur irgendetwas für dich zu tun, was etwas wert wäre, oder es nur zu wagen, ein paar Wahrheiten auszusprechen, über die wir im Verborgenen weinen, als dass du eine so gerechte Bitte von uns nicht erhörtest? Das glaube ich nicht, Herr, bei deiner Güte und Gerechtigkeit, denn du bist ein gerechter Richter, und nicht wie die Richter dieser

Welt, für die, da sie Söhne Adams und schließlich lauter Männer sind, es keine Tugend einer Frau gibt, die sie nicht für verdächtig halten! (CE 4,1)

Und daher liegt es nahe, hinzuzufügen: Aus eben diesem Grund musste das innere Beten und damit das gesamte Tun Teresas vielfach verdächtig oder gar für die Kirche gefährlich erscheinen. Teresa führte diesen Argwohn auf eine vielleicht anlagemäßig vorhandene spirituelle Schwerfälligkeit bei nicht wenigen Männern, das heißt selbst innerhalb der dominierenden Geistlichkeit, zurück. – Im gleichen Zusammenhang ist ein weiterer Aspekt zu sehen. Denn wo besagter Argwohn zutage tritt, da liegt es nahe, dass Seelsorger und Beichtväter sich unter Umständen veranlasst sehen, das vermeintlich „verdächtige Treiben der Frauen" von Fall zu Fall auf die ihnen mögliche Weise zu unterbinden, etwa dadurch, dass sie sich in die Belange von Ordensangehörigen einmischen, nicht zuletzt durch auferlegte Bußstrafen. Und dagegen hatte Teresa die ihr Anbefohlenen zu schützen. Ihr Rat lautete:

Wenn ihr aber beim Beichtvater erkennt, dass er bei dem, was er euch sagt, auf irgendeine Eitelkeit aus ist, dann haltet [nun auch aus eurer Situation heraus] alles für verdächtig und führt mit ihm auf keinen Fall Gespräche, auch wenn sie über das innere Beten oder Gott gingen, sondern nur kurz beichten und dann fertig. Am besten wäre es, der Mutter [Oberin] zu sagen, dass es eurer Seele bei ihm nicht gut geht, und ihn zu wechseln." (CE 7,2)

Mit der ihr eigenen Resolutheit tut Teresa alles, um sicherzustellen, dass etwaige bischöfliche Beauftragte oder externe Priester unter Anwendung ihrer Beichtautorität in die internen Angelegenheiten eines Klosters und ihrer zu Gehorsam verpflichteten Nonnen nicht eingreifen. Es gelte, sich schon um der eigenen Integrität willen gegen problematisch agierende Kirchenobere abzugrenzen, was freilich nur in einem begrenzten Maße möglich gewesen sein dürfte. Letztlich geht es Teresa um das, was Luther – ohne dass sie sich auf ihn berufen hätte können! – in einer seiner reformatorischen Hauptschriften (1520) die „Freiheit des Christenmenschen" genannt hat. Eben diese reklamiert sie für ihre geistlichen Töchter:

Es soll niemals einen bevollmächtigten Vikar geben, der den Auftrag hat, ein- und auszugehen und Aufträge zu erteilen, noch einen Beichtvater, der Aufträge erteilt, vielmehr sollen sie dazu da sein, um über den guten Ruf des Hauses und die innere und äußere Zurückgezogenheit zu wachen und dem Vorgesetzten Bescheid zu sagen, wenn es nicht so sein sollte, aber nicht, dass er Oberer wäre. (CE 8,6)

Und so bitte ich, um der Liebe des Herrn willen, den, auch wenn immer er Bischof sein sollte, den Schwestern diese Freiheit zu lassen. Er kann sicher sein, in ihnen mit Gottes Hilfe gute Untergebene zu haben. Er nehme ihnen diese Personen nicht weg, sofern es solche sind, die über Studien und Eignung verfügen ... Ja, er nehme sie ihnen nicht weg, sodass sie ab und zu bei ihnen beichten und sich über ihr Beten besprechen, auch wenn schon Beichtväter da sind. (CE 8, 5)

Vom Wesen des inneren Gebets – 22. Kapitel

Aus dem Kreis ihrer Schwestern, die Teresa in der Übung des inneren Gebets unterwiesen hat, werden allerlei Rückfragen gekommen sein, etwa solche nach dem Verhältnis zu den herkömmlichen anderen Gebetsformen, wie sie im Konvent der Nonnen sowie im Gottesdienst der Gemeinde üblich sind. Sollen diese Gebetsweisen etwa zugunsten des inneren Gebets preisgegeben oder vernachlässigt werden? Teresas Antwort lautet:

Wisset, wie das innerliche Gebet nicht etwa darin sein Wesen offenbart, dass man dabei den Mund nicht öffnet. Wenn ich [betend] spreche und dabei durchaus inne werde und sehe, dass ich mit Gott rede, und wenn ich hierauf mehr achte als auf die Worte, die ich spreche, so sind innerliches Gebet und lautes Gebet nebeneinander [gleichwertig]. Man will uns doch nicht glauben machen, ihr redet mit Gott, wenn ihr das Vaterunser betet und dabei an die weltlichen Dinge denkt. Hier muss ich schweigen. Aber wenn ihr in der Unterredung mit einem so großen Herrn, wie es sich mit einem solchen geziemt, sprechen wollt, so seht wohl zu, mit wem ihr da eigentlich redet und wer ihr seid, damit ihr wenigstens mit Anstand redet. Wie könnt ihr mit einem König sprechen und ihn mit Hoheit anreden oder wie könnt ihr die Höflichkeitsformen beobachten, die im Umgang mit einem Großen üblich sind, wenn ihr euren eigenen Stand nicht recht begriffen habt? Beidem muss eine solche Anrede angemessen sein ...

Diese Wahrheiten richtig begreifen, heißt *innerliches Gebet*. Wollt ihr diesem Verständnisstreben noch das laute Gebet hinzufügen, so ist es gut. Wenn ihr aber mit Gott redet, denkt nicht gleichzeitig an andere Dinge, denn das würde ein Zeichen dafür sein, dass ihr euch nicht auf das innerliche Gebet versteht. Ich glaube, es ist nach dem Gesagten hiermit verständlich gemacht. Möge es dem Herrn gefallen, dass wir es in die Praxis auch umsetzen. Amen.

O Gott, wie ist es eigentlich gekommen, dass dem einen und dem andern unter uns der Glaube eingeschlafen ist, dass wir nie zum vollen Verständnis [des Glaubens und der Glaubensgewissheit] gelangen? Deshalb, meine Töchter, ist es gut, dass ihr versteht, was ihr im Vaterunser bittet, damit – wenn der ewige Vater es euch gibt – ihr nicht die Augen davon abwendet. Auch bedenkt allezeit sehr wohl, was ihr bittet ... Deshalb legt uns Jesus mit Blick auf das Reich Gottes die Worte vor uns hin: „Geheiligt werde dein Name! Zu uns komme dein Reich!“

Vom Vaterunser – 27. und 28. Kapitel

Wenn schon das Gebet in immer neuen Ansätzen thematisiert wird, so durfte Teresa am Herrengebet, dem Vaterunser, das Jesus seinen Jüngern in der Bergpredigt (Mt 6) anvertraut hat, nicht vorübergehen. Sie betrachtet es als eine Gnadengabe der Freundschaft und der Liebe Gottes gegenüber allen, die mit den Worten Jesu beten. Gleichzeitig fasst Teresa das Vaterunser als ein Gebet der Sammlung und einer Wendung nach innen auf. Insofern stellt es gleichzeitig eine Einübung in das zur Sammlung rufende innere Beten dar.

„Vater unser, der du bist in den Himmeln". – O mein Herr, wie erscheinst du als Vater eines solchen Sohnes und wie erscheint dein Sohn als Sohn eines solchen Vaters! Gebenedeit seist du in aller Zeit! Wäre es nicht schon etwas Großes gewesen, wenn uns erst am Ende des Gebets diese Gnade zuteil geworden wäre? Nun füllst du uns schon am Anfang die Hände und erweist uns so große Gnade, dass es noch ausreichen würde, nach dem Verstand auch unseren Willen zu beschäftigen. Ich würde andernfalls nicht imstande sein, ein Wort zu dir zu reden. Welche gute Gelegenheit, meine Töchter, dürfte sich hier zu einer vollkommenen Betrachtung zeigen! Mit wie gutem Grund möchte sich die Seele auf ihr Inneres konzentrieren, um desto besser über sich selbst hinausgehen zu können, damit jener heilige Sohn ihr begreiflich machen könnte, wo die Stätte des Vaters ist, nämlich: „in den Himmeln".

Erheben wir uns von der Erde, denn es ist nicht recht, wenn wir eine Gnade wie diese so gering achten, dass wir, nachdem wir die Größe derselben einsehen, unten auf der Erde bleiben.

O Sohn Gottes und mein Herr, wie viel gibst du uns schon mit dem ersten Wort! Du erniedrigst dich zum äußersten Übermaß, indem du dich mit uns im Bitten vereinigst und dich zum Bruder eines so niedrigen Wesens machst, da du uns im Namen deines Vaters alles gibst, was man geben kann. Du willst, dass er uns als seine Kinder betrachtet ...

Beachtet, wie wichtig es für euch ist, die Wahrheit zu begreifen, dass der Herr in uns ist und wir daselbst bei ihm bleiben müssen. Diese Art zu beten bewirkt, auch wenn sie mit dem Mund erfolgt, dass die Gedanken sich sammeln.

Auch ist es ein Gebet, das viel Gutes zur Folge hat. Man nennt es das Gebet der Wendung nach innen, weil die Seele dabei alle ihre Kräfte in sich hineinzieht und sich in ihren Gott hineingibt. So gelangt sie in Kürze [spontan] zum Unterricht ihres göttlichen Lehrers, der ihr auf diese Weise das Gebet der Ruhe gewährt, und zwar schneller als jede andere. Denn wenn sie sich dort ihm gegenüber befindet, kann sie das Leiden Christi darbieten. Der Geist wird nicht müde zu wandern und ihn am Kalvarienberg aufzusuchen ...

Ist diese Wendung nach innen nun eine wahrhafte, so erkennt man dieselbe sehr deutlich, weil eine Wirksamkeit erfolgt, die ich nicht näher verständlich machen kann; doch der wird sie verstehen, der von ihr ergriffen worden ist. Die Seele hebt sich dabei – so scheint es – aus dem Joch, das, wie sie wahrnimmt, die Dinge der Welt bilden. Sie richtet sich zu guter Stunde empor. Und wie einer, der in eine feste Burg eindringt, weil er die Feinde nicht fürchtet, zieht sie die Sinne von den äußeren Dingen ab. Er gibt sie so aus der Hand, dass ihr, fern einer Wahrnehmung, die Augen verschlossen werden. Sie sieht jene Dinge nicht mehr, dagegen wird die Sehkraft der Seele desto stärker erweckt.

In der Gegenwart Gottes – Kapitel 29,4 – 8

Wenn die Seele in ihr Inneres einkehren will, macht sie die Tür hinter sich zu, die sie nun von allem Weltlichen trennt. Ich sage „wenn sie will“, damit ihr diesen Vorgang nicht als etwas Übernatürliches anseht. Er hängt vielmehr von unserem Wollen ab, wie es uns mit Gottes Gnade möglich ist. Denn ohne Gnade vermag man überhaupt nichts. Zu keinem guten Gedanken wären wir fähig. Es handelt sich hier also nicht um das Schweigen der geistigen Kräfte. Die Seele schließt sie vielmehr in sich ein.

Man kommt dabei schnell voran, wenn man, wie wir auch in einigen Büchern lesen können, in dem inneren Auf-Gott-Zugehen alles andere beiseite lässt. Aber auch inmitten der Arbeit müssen wir uns in uns selbst zurückziehen können. Sei es auch nur für einen Augenblick, so ist doch das Gedenken, wen wir im Innern bei uns haben, sehr hilfreich. Wir werden schließlich dankbar verstehen, dass es keines Stimmaufwands bedarf, um mit ihm zu sprechen. Seine Majestät wird uns seine Anwesenheit spüren lassen.

So werden wir mündlich in großer Ruhe beten und wir ersparen uns Arbeit. Denn wenn wir uns so eine Zeitlang zwingen, dem Herrn nahe zu sein, versteht er uns schon durch dieses Bemühen, sodass wir das Vaterunser nicht immer sagen müssen. Er wird uns schon beim ersten Mal hören. Er liebt es, uns die Mühe zu erleichtern. Gerade wenn wir in einer Stunde das Vaterunser nur einmal sagten und dabei wüssten, um was wir bitten und wie gern er, der mit Freuden bei uns ist, es uns gibt, wäre es ihm lieb, wenn wir nicht mit vielem Reden den Kopf zerbrächen ...

Aber nichts lernt man ohne ein wenig Anstrengung. Bei Gott, ihr Schwestern, haltet euer Bemühen für gut angewendet! Und ich weiß, wenn ihr durchhaltet, werdet ihr mit Gottes Hilfe in einem oder in einem halben Jahr damit Erfolg haben. Bedenkt, in wie kurzer Zeit ihr großen Gewinn haben werdet, wenn ihr ein gutes Fundament schafft, damit euch der Herr, da er euch in seiner Nähe bereit findet, zu großen Dingen erheben kann. Möge seine Majestät nicht zulassen, dass wir uns wieder aus seiner Gegenwart entfernen. Amen. (CV 29, 4 – 8)

3. Wohnungen der inneren Burg (Moradas)

Im zweiten Teil ihres Buches vom „Weg der Vollendung" lenkt Teresa die Aufmerksamkeit ihrer Schwestern auf das Zentrum der menschlichen Seele als einem imposanten Palast hin, als dem Ort, an dem Gott sein Zelt aufgeschlagen hat. In ihrem nachfolgenden Buch von der Seelenburg ist dies detailliert ausgeführt. Sie begründet die reichliche Verwendung von Bildern und Gleichnissen damit, dass sie als Nonne nicht über eine theologische Bildung verfüge, also deshalb Vergleiche heranziehe, weil ihr die scholastische Begrifflichkeit der gelehrten Theologen nicht zur Verfügung stehe. Dabei ist es gerade die auf ihre natürliche Weise gewonnene Anschaulichkeit, durch die Teresa für das Gros ihrer Mit- und Nachwelt lesbar geworden ist. Ihre Leser sind mithin aufgefordert, diese „irdenen Gefäße", von denen Paulus im zweiten Korintherbrief spricht, wiederum beiseite zu tun, um das darin Enthaltene zu entbergen. Freilich, leicht macht es die um Anschaulichkeit bemühte Schriftstellerin ihrer Leserschaft nicht gerade. Es ist insbesondere ihr Satzbau, der Übersetzern wie Lesern, auch den Lesern der Übertragungen ins Deutsche, einige Schwierigkeit bereitet.[34] Aber wie immer der Umgang mit den Teresa-Texten gelingen mag, letztlich gilt ihr Leitwort: „Solo Dios basta – Gott allein genügt."

Durch eigene Erfahrung habe ich, abgesehen von dem an vielen Orten Gelesenen, den großen Nutzen erkannt, den

34 Erika Lorenz: Teresa von Avila. Schaffhausen 1982, S. 28.

es für eine Seele hat, wenn sie aus dem Gehorsam nicht heraustritt. Denn ich erkenne, wie in demselben das Fortschreiten in der Tugend und die Erlangung der Demut geschlossen liegen. Hierin besteht ja auch die Sicherheit vor dem Verdacht, den wir unser ganzes Leben hindurch hegen sollen: Nämlich dass wir nicht den Weg zum Himmel verfehlen. Hier findet man auch die Ruhe, die den Seelen, die Gott zu gefallen wünschen, so kostbar ist.

Mit diesen Worten aus der Vorrede zum Buch über ihre Klostergründungen (Libro de Fundaciones, 1582) zeigt die Autorin, wie es in der Hauptsache zwei Faktoren seien, die ihr Tun, namentlich ihre Aufzeichnungen, charakterisieren. Zum einen ist es die eigene spirituelle Erfahrung als solche; sie ist unverzichtbar; zum andern ist es die prinzipielle Bereitschaft zum Gehorsam gemäß der monastischen Grundregel, freilich ohne sich Versuchen einer Einmischung der ihr verordneten Beichtväter kritiklos zu unterwerfen. Ähnlich wie bei ihrer „Vida" hatte Teresa auch hier entsprechenden Vorgaben ihrer Oberen zu entsprechen. Das kann ihr nicht immer leicht gefallen sein, obwohl der ihr auch freundschaftlich verbundene, sie wie ein Sohn liebende junge Pater Gracián sie zur Abfassung ihres Hauptwerks veranlasste, ja sie verpflichtete, das durch Niederschrift weiterzugeben, was als reife spirituelle Erfahrung in ihr lebte. Zunächst ihr Geständnis, das abgesehen von ihrer Arbeitsfülle zugleich eine Ahnung von der gesundheitlichen Situation der rührigen Karmelitin vermittelt, die für ihre vielfältigen Obliegenheiten eine stabile Gesundheit besonders nötig gehabt hätte:

Vorrede

Unter den Dingen, welche mir der Gehorsam auferlegt hat, sind mir wenige so schwer geworden wie das gegenwärtige Unternehmen, über das Gebet zu schreiben. Es geschah mir einesteils, weil es mir nicht scheinen will, dass der Herr mir Geist und Lust gewähren mag, es zu vollbringen. Andererseits, weil ich seit drei Monaten an einem solchen Brausen und solcher Schwäche im Kopf leide, dass ich selbst notwendige organisatorische Arbeiten nur mit Mühe schreibe.

Da mir aber bewusst ist, wie die Macht des Gehorsams Dinge auszuführen pflegt, die zunächst unmöglich scheinen, so entschließt sich mein Wille, es gern zu tun, wie sehr sich die Natur anscheinend darüber betrübt. Denn der Herr hat mir nicht so große Kraft gegeben, dass der Kampf mit steten Krankheiten und vielfachen Beschäftigungen ohne ihren mächtigen Widerspruch erfolgen sollte. Er, der schon Schwierigeres gewirkt hat, um mir Gnade zu erweisen, und auf dessen Barmherzigkeit ich mich verlasse, mag es zu einem guten Ende führen ...

Wenn mir aber auch dieses der Herr nicht einmal gewähren möchte, vielmehr mein Kopfleiden zunehmen und mich ermüden ließe, so würde ich doch im Gehorsam Gewinn finden, selbst wenn niemand aus dem, was ich sagen möchte, einen Vorteil ziehen sollte. Und so beginne ich denn mein Werk heute am Tage der Heiligen Dreifaltigkeit, im Jahre 1577 in diesem Kameliterkloster des heiligen Josef von Toledo, in dem ich mich gegenwärtig befinde. In Bezug auf alles, was ich sagen werde, unterwerfe ich mich dem Urteil derer, die mir das Schreiben befehlen und welche Leute sind, die es in der Wissenschaft weit gebracht haben. Sollte ich dabei etwas äußern, das mit dem, wie es die heilige katholische römische Kirche lehrt, nicht übereinstimmt, so ist daran nur Unwissenheit, nicht Absicht schuld. Das darf man für gewiss annehmen, dass ich jener [Autorität] allezeit untertan bin und durch die Güte Gottes bleiben werde, wie ich es bisher gewesen bin. Er werde allzeit gesegnet und verherrlicht. Amen.

Was die Beschränkung auf sieben Wohnungen anlangt, trägt Teresa in ihrem Epilog noch eine Anmerkung nach, die sich auf das vielgestaltige Ganze der Anlage bezieht.

Wenn ich hier auch nur von sieben Wohnungen spreche, umfasst eine jede doch deren viele, unten und oben und an den Seiten, mit wunderschönen Gärten und Brunnen und verschlungenen Wegen, so zauberhaft, dass ihr, ihr Schwestern, am liebsten vergehen würdet in Lobpreisungen des großen Gottes, der dieses nach seinem Bilde und Gleichnis geschaffen hat.

a) Erste Wohnung

Schönheit und Würde unserer Seele – 1. Kapitel

Als ich heute unsern Herrn bat, er möge durch mich sprechen, weil mir nichts einfiel, was ich sagen, noch wie ich den Anfang machen könnte, um dem hierzu gehörigen Gehorsam zu entsprechen, bot sich mir dar, was ich zugrunde legen möchte, nämlich die Betrachtung unserer Seele als einer Burg aus Diamant oder klarem Kristall; einer Burg, in der es viele Gemächer gibt, ähnlich wie im Himmel mit seinen vielen Wohnungen.

Ja, ihr Schwestern, wenn wir es recht betrachten, so ist die Seele des Gerechten[35] nichts anderes als ein Paradies, in dem der Herr vergnügt lebt. Erscheint sie euch ebenso? Wie wird nun die Wohnung sein, in der ein so mächtiger, weiser, reiner, mit Gütern begabter König sich vergnügt? Ich finde nichts, womit man die große Schönheit und Weite einer Seele vergleichen könnte. Und in der Tat können unsere Begriffe, so exakt sie auch sein mögen, es kaum dahin bringen, das zu fassen. Ebenso wenig können sie zu einer Betrachtung Gottes gelangen, wenn er selbst sagt, er habe uns nach seinem Bilde und ihm ähnlich geschaffen.

Ist dem wirklich so, dann ist es nicht nötig, dass wir uns abmühen in dem Bestreben, die Schönheit dieser [Seelen-] Burg zu erfassen. Obgleich zwischen ihr und Gott der Unterschied besteht, der den Schöpfer vom Geschöpf trennt, so genügt es doch, wenn seine Majestät sagt, die Seele sei nach seinem Ebenbilde geschaffen, um die große Würde und Schönheit der Seele überhaupt begreifen zu können.

Nicht wenig Elend und Verwirrung kommen daher, dass wir durch eigene Schuld uns selber nicht verstehen und nicht wissen, wer wir eigentlich sind. Wäre es nicht Ausdruck einer großen Unwissenheit, ihr Töchter, wenn man jemand fragte, wer er wäre, und er kennte sich gar nicht und wüsste auch nicht, wer seine Eltern wären oder aus welchem Land er stammte? Wäre nicht bereits diese enorme Unwissenheit eine große Schande, so ist die unsrige vergleichsweise noch größer, wenn wir uns nicht

35 Gemeint ist der Mensch in seinem ursprünglichen oder wieder erlangten Heilszustand.

bemühen zu erfahren, dass wir viel weiter sind, als nur zu wissen, dass wir in diesem Leibe wohnen und vielleicht nur nebenher wissen, dass wir überhaupt Seelen haben, dagegen aber selten beachten, welche Güter diese Seele reich machen und wie groß ihr Wert ist; wenn wir ebenso wenig uns mit aller Sorgfalt ihre Schönheit uns zu erhalten bemühen. All das beschränkt sich bei uns nur auf den rohen Stoff der Einfassung oder der Ringmauer der Burg, die für unseren Leib steht.

Denken wir daher, dass diese [Seelen-]Burg viele Wohnungen enthält, einige oben, andere unten, andere zur Seite. Im Mittelpunkt aber und in der Mitte aller ist die vornehmste. Es ist diejenige, in welcher sich zwischen Gott und der Seele ein Mysterium ereignet!

Es ist erforderlich, dass ihr dieses Gleichnis genau beachtet. Vielleicht gefällt es Gott, dass ich euch etwas von den Gnaden eröffne, die Gott den Seelen erweisen will, und von den Unterschieden, die zwischen ihnen bestehen (soweit es mir möglich ist, davon ein Verständnis zu erlangen). Alle zu kennen ist niemandem möglich, am wenigsten jemandem, der so gering ist wie ich ...

Kehren wir nun zu unserer schönen, wertvollen Burg zurück, und sehen wir zu, wie wir hineingelangen können. Das scheint ungereimt zu sein, denn wenn die Seele diese Burg ist, so ist es klar, wie es eigentlich keinen Eingang geben kann, denn sie ist ja selbst die Burg ... Es gibt viele Seelen, welche sich – bildlich gesprochen – nur in der Umwallung der Burg befinden, wo diejenigen sich aufhalten, welche sie bewachen. Denen gestattet man den Eintritt nicht. Sie wissen nicht einmal, dass es inwendig eine so geheimnisvolle Stätte gibt ...

Kürzlich sagte mir ein großer Gelehrter, die Seelen, die ohne das Gebet sind, seien wie ein Körper, der gelähmt oder von der Gicht heimgesucht ist. Wiewohl er Hände und Füße hat, so kann er doch nicht über sie verfügen. Ebenso gibt es Seelen, die so krank und so sehr in äußere Dinge verflochten sind, dass es anscheinend kein Mittel und keine Möglichkeit gibt, wie sie in ihre Mitte gelangen können ...

Soviel ich nun zu erkennen vermag, ist die Pforte zum Eingang in diese Burg das Gebet und die Betrachtung [Meditation]. Ich gebe dem inneren Gebet vor dem mündlichen keinen Vorzug. Welcher Art das Gebet auch sei, so muss die gesammelte Betrachtung dieselbe stets begleiten. Jenes Gebet, welches Acht darauf hat, mit wem es spricht, was es bittet oder wer der ist, der das bittet oder gebeten wird, das nenne ich gar kein Gebet, wie sehr dabei auch die Lippen bewegt werden mögen ... Auch wollen wir nicht etwa mit gichtbrüchigen Seelen beten ... Mit anderen Seelen will ich sprechen, die endlich in die Burg hineingehen. Wenn sie auch tief in der Welt stecken, so haben sie doch den guten Willen und empfehlen sich, wenn auch nur bisweilen, unserm Herrn ... Endlich betreten sie die ersten Räume unten ...

Nun kann die Seele im buchstäblichen Sinn und logischerweise nicht in die Bereiche der Seele eintreten. Aber weil mit der Seelenburg der seelisch-geistige Mensch dargestellt ist, lässt sich der Vorgang des Hineintretens mit einer Bereicherung, einer Erweiterung und Vertiefung des Bewusstseins vergleichen. Verbunden mit der Bereitschaft, nicht länger nur der zu bleiben, der der Mensch derzeit ist, sondern einer zu werden, der in der Selbsterkenntnis wachsen will, soll dieser Eingang verstanden und betend vollzogen werden. Und weil es im Grunde Christus ist, der das Zentrum des strahlenden Seelenkristalls erfüllt, sei die Aufmerksamkeit allein auf ihn gerichtet. Damit sind Inhalt und Ziel der Meditation oder Betrachtung genannt, um die es der Autorin geht, wenn sie ihren göttlichen Freund Christus als „Majestät" anspricht.

Selbsterkenntnis und Demut – 2. Kapitel

Bevor ich fortfahre, will ich euch zur Betrachtung auffordern, wie diese Burg so strahlend und schön anzusehen ist, diese Perle des Morgens, dieser Baum des Lebens, der inmitten des lebendigen Wasser des Lebens, das heißt in Gott, hineingepflanzt ist ... Ihr braucht nicht mehr zu wissen ... Kehren wir aber nun zu unserer Burg mit den vielen Wohnungen zurück. Ihr müsst diese Wohnungen euch nicht vorstellen wie eine hinter der andern oder wie aneinander gereiht, sondern die Blicke sind auf den Mittelpunkt zu richten, welcher der Raum oder der Palast ist, in welchem sich der König aufhält; betrachten wir auch, wie schön dieser Palast eingerichtet ist.

Jeder Seele, welche das Gebet stark oder auch nur ein wenig übt, ist daran gelegen, dass man sie nicht in den Winkel schiebt oder einengt. Man lasse sie durch diese Wohnungen auf und ab und zu den Seiten gehen, da Gott ihr eine so große Würde gab. Sie darf auch nicht dazu genötigt werden, lange in einem einzigen Raum zu verweilen, selbst wenn es in der eigenen Erkenntnis sein sollte ...

Die Demut arbeitet allezeit wie die Biene im Korbe den Honig, der ohne sie gänzlich verlorengehen würde. Beachten wir aber, wie die Biene unablässig ausfliegt, um aus den Blumen zu sammeln, so nährt sich die Seele im eigenen Verstande und fliegt zuweilen aus, um die Größe und Majestät ihres Gottes zu betrachten. Dabei wird sie besser als in sich selbst ihre Niedrigkeit entdecken und besser von dem Ungeziefer [der Unreinheit] befreit, das in die nächsten Räume Eingang findet, welche die Selbsterkenntnis sind. So groß das Erbarmen Gottes ist, welches er hierin übt, so groß ist auch das Übrige. Man glaube mirs, dass wir mit der Kraft Gottes eine weit bessere Tugend wirken werden, als wenn wir an unsere Erde gebunden sind.

Ich weiß nicht, ob ich mich recht verständlich gemacht habe. Diese Selbsterkenntnis ist eine solch wichtige Sache, dass ich wünsche, es möge nie mit ihr nachgelassen werden, so weit ihr euch auch in den Himmel verstiegen haben mögt, denn solange wir auf Erden sind, gibt es kein wichtigeres Ding für uns als die Demut. Deshalb wiederhole ich das Gesagte, dass es sehr gut, ja dass es überaus gut ist, zunächst in den Raum einzutreten, wo dieser Gegenstand behandelt wird, statt in die übrigen Räume zu eilen. Hier ist der Weg! Warum sollen wir uns etwa Flügel wünschen, um zu fliegen, wenn wir auf sicherem und ebenem Boden gehen können? Man mag daher lieber bestrebt sein, in jeder Hinsicht zuzunehmen. Meines Erachtens aber werden wir mit der Erkenntnis nie fertig, wenn wir uns nicht bemühen, Gott zu erkennen und durch Betrachtung seiner Größe nicht zur Einsicht unserer Niedrigkeit zu gelangen. Bei der Betrachtung seiner Reinheit werden wir unsere Unsauberkeit erkennen. Wenn wir seine Herablassung erwägen, werden wir einsehen, wie weit entfernt wir davon sind, demütig zu sein ...

Lasst uns die Augen auf Christus richten, auf unser Heil, wo wir die wahre Demut erfassen, und lasst uns auf seine Heiligen schauen. Dann wird sich, wie ich gesagt habe, unser Verstand veredeln und unsere Selbsterkenntnis davor bewahrt werden, zur Kriecherei und Feigheit zu entarten. Obwohl dies die erste Wohnung ist, birgt sie doch großen Reichtum und ist von hohem Wert. Gelingt es der Seele, hier dem Gewürm [des Widerwärtigen] zu entrinnen, so wird sie gewiss noch weiter vorankommen Aber schrecklich sind die Tücken und Ränke, die der Satan ersinnt, damit die Seelen sich nicht selbst erkennen und ihre Wege nicht verstehen sollen ...

Ihr müsst beachten, dass in diese erste Wohnung noch fast nichts vom dem Licht gelangt, das aus dem Palast hervorstrahlt, in dem der König weilt. Denn obwohl sie nicht dunkel und schwarz ist, wie wenn die Seele sich in dem Zustand der Sünde befindet, so ist sie doch noch einigermaßen verfinstert, sodass derjenige, der sich darin befindet, das schlimme Zeug nicht zu sehen vermag, das mit ihm eindrang ... Hütet euch vor fremden Sorgen! Erkennt, dass es nicht wenige Wohnungen in dieser Burg gibt, wo die Dämonen den Kampf bereits aufgeben. Es ist wahr: In einigen sind die Wächter – das sind die Seelenkräfte – stark genug zum Streit. Doch es ist dringend nötig, dass wir stets auf der Hut sind vor den Tücken des Satans; dass wir uns nicht überlisten lassen, wenn er als Engel des Lichts[36] sich uns zeigt. Denn es gibt allerlei Dinge, mit denen er uns schaden kann ...

36 In Anlehnung an 2 Kor 11,14 macht Teresa auf die Gefahr aufmerksam, dass sich auch hinter der Fassade spirituell scheinender Phänomene Satanisches verbergen kann, ja dass der Satan sich bisweilen als ein „Engel des Lichts“ manifestiert.

Bei dem Insistieren auf eine dem inneren Gebet hingegebene Spiritualität ist ein Missverständnis nicht ausgeschlossen, das als Heilsegoismus entlarvt werden muss. Der liegt beispielsweise dann vor, wenn die Sorge und Teilnahme am Schicksal der Mitmenschen, die tätige Nächstenliebe, vernachlässigt wird. Wie dürfte sie von jenen geringschätzig betrachtet werden, die sich einem spirituellen Weg verschrieben haben? Deshalb Teresas Erinnerung an die Zusammengehörigkeit von Gottes- und Menschenliebe. Als Oberin verbindet sie damit ethische Leitlinien für die ihr Anvertrauten. Auch Angehörige eines kontemplativen Ordens sind davon nicht entbunden. Daher Teresas Hinweis darauf, wie eng das „Gebet und Tun des Gerechten" (Bonhoeffer) als Wesensausdruck christlicher Existenz zusammengehören.

Was der Satan hier bezweckt, ist nichts Geringes. Es ist das Erkalten der Zuneigung und Liebe, der Nächstenliebe, welches einen großen Schaden darstellt. Lasst uns einsehen, ihr Töchter, wie die wahrhafte Vollkommenheit die Liebe Gottes und die Nächstenliebe zusammenbindet. Je vollkommener wir diese beiden Gebote halten, desto vollkommener werden wir werden. Unsere ganze Regel und die Satzungen dienen zu nichts anderem als zu Mitteln, um dieselben vollkommener zu halten. Lassen wir uns keinen unbescheidenen Eifer zu schulden kommen! Das kann uns ein großer Nachteil sein. Jeder achte auf sich selber ... Diese gegenseitige Liebe ist so wichtig, dass ich wünschte, ihr vergäßet sie niemals. Wenn wir uns daran gewöhnen, aneinander Mängel aufzuspüren, so können wir die Sache nur noch verschlimmern. Die Seele kann ihren

Frieden verlieren und noch den der anderen stören. Der Satan könnte auf diese Weise selbst die Oberin versuchen, und dann wäre die Sache noch gefährlicher.

Hierzu bedarf es großer Besonnenheit; denn wenn Dinge vorkommen, welche wider die Regel und gegen die Satzungen des Ordens sind, so dürfen sie nicht unbeachtet gelassen werden, sondern da ist die Achtsamkeit am Platz. Wird das Übel nicht abgestellt, muss die Angelegenheit dem Vorsteher unterbreitet werden, und das ist die Liebe! ... Allein gut ist es, wenn wir auf unserer Hut sind!

b) Zweite Wohnung

Die Metapher der „Wohnung" legt naturgemäß eine deutliche Abgrenzung verschiedener Räume nahe. Doch der Übergang von der ersten zur zweiten dieser Wohnungen mutet wie fließend an. Doch wenn in der ersten Wohnung noch vom Vorhandensein von Unrat und Ungeziefer gesprochen wird, wenn noch von Dunkelheit die Rede ist, so lichtet sich die Sphäre angesichts der sich anbahnenden Gottesnähe auf. Selbst ein frommer Leistungszwang ist aufgegeben; der Beichtvater und Seelenführer soll nicht als ein nur der Strenge frönender Zuchtmeister empfunden werden. Insofern kann in der zweiten Wohnung von einer Zunahme an Verinnerlichung gesprochen werden. Und weil Teresa in anderen Schriften der Unterweisung sich hierüber bereits geäußert hat, kann sie sich in diesem Kapitel kurz fassen. Sie tut es mit der Erinnerung an zeichenhafte Lebensumstände, etwa auch an Krankheiten. Sie macht aufmerksam auf den Nutzen spiritueller Literatur, auf Gespräche oder Predigten. Dabei dürfe man nicht er-

müden, etwa in Gestalt einer Nachlässigkeit des anfangs mit Eifer Begonnenen. Aber wer gehört zu denen, die den Schritt von der ersten zur zweiten Wohnung tun können?

Nun wollen wir davon sprechen, welche Seelen es sein werden, die in die zweite Wohnung gelangen, und was sie in derselben tun. Ich möchte euch ein wenig davon sagen, weil ich anderwärts bereits weitläufiger davon gesprochen habe ... Es geht um diejenigen, die schon mit der Übung des Gebets begonnen haben; es geht um diejenigen, die einsehen, dass es für sie von Wichtigkeit ist, nicht länger in der ersten Wohnung zu bleiben ...

Immer sei die Seele darauf bedacht, sich nicht übermannen zu lassen; denn wenn der Satan sieht, dass sie fest entschlossen ist, lieber das Leben und die Ruhe und alles, was er ihr bieten mag, zu verlieren, als in die erste Wohnung zurückzukehren, so wird er sehr bald von ihr ablassen. Sie soll mannhaft sein ... Klammert euch an das Kreuz, das der Bräutigam auf sich nahm, und erkennet, dass dies euer Auftrag ist! Wer mehr zu erleiden vermag, der leide mehr für ihn, und er wird umso mehr die Befreiung erfahren. Das Übrige betrachtet als etwas Beiläufiges, und sollte es der Herr euch schenken, so dankt ihm dafür von Herzen ...

Das Bemühen einer jeden, ihr Schwestern, die zu beten anfängt – vergesst nicht, dass dies sehr wichtig ist! –, muss darin bestehen, sich anzustrengen und sich die Richtung und Bestimmung zu geben, mit allem nur möglichen Fleiß ihren Willen mit dem Willen Gottes in Übereinstimmung[37]

37 Es handelt sich um das Grundstreben in der Mystik, um das Gleichförmigwerden (conformitas) des Menschen mit dem Willen Gottes: „Dein Wille geschehe!"

zu bringen. Seid nur versichert, dass hierin die größte Vollkommenheit besteht, die man auf dem geistlichen Weg erreichen kann. Je vollkommener jemand daran festhält, desto mehr wird man vom Herrn erhalten und auf jenem Weg gefördert werden.

Was das Methodische betrifft, so bestätigt Teresa die auch von anderer Seite der Tradition her bekannte Erfahrung, wie man sich im Fall einer Stagnation oder eines Absturzes verhalten solle: „Lasst den Mut nicht sinken, und wenn ihr einmal fallen solltet, so hört nicht auf, vorwärtszustreben; denn auch diesen Sturz wird Gott zum Guten wenden.“ Zwar gelte es, die Seelenkräfte zu aktivieren und einzusetzen. Aber es widerspräche wiederum dem Wesen einer in der Freiheit des Christenmenschen sich darstellenden Spiritualität, wenn in irgendeiner Weise Zwang oder Gewissensdruck ausgeübt würde. Keine Askese und kein Akt der Buße dürfe das Leben eines Menschen im Innersten beeinträchtigen.

Schon am Anfang habe ich gesagt, wie ihr euch in diesen Verwirrungen verhalten sollt. Nicht gewaltsam müsst ihr vorgehen, wenn ihr euch zu sammeln beginnt, sondern mit Sanftheit, damit ihr es mit größerer Beständigkeit tun könnt. Ich will hier nichts weiter sagen, als dass es meines Erachtens sehr vorteilhaft ist, sich mit erfahrenen Personen zu besprechen. Denn manchmal werdet ihr vielleicht meinen, dass Dinge, die notwendigerweise getan werden müssen, einen schrecklichen Schaden anrichten. Der Herr wird alles zu unserm Nutzen lenken, auch wenn wir niemanden finden, der uns belehren könnte. Denn es gibt kein

Mittel gegen das Übel, außer stets von Neuem anzufangen, um täglich an Gutem zuzunehmen und dem Verderben der Seele zu entgehen. Möge es Gott gefallen, uns diese Einsicht zu verleihen ...

Es wäre Unverstand, wenn wir dächten, in den Himmel einzugehen, ohne in uns selbst eingegangen zu sein, ohne uns kennengelernt zu haben, ohne aber auch unseren Elendszustand betrachtet zu haben und ohne Gott vielmals um Barmherzigkeit zu bitten. Der Herr sagte selbst: Niemand kommt zum Vater als durch mich.[38] Und: Wer mich sieht, der sieht den Vater.

Möge es seiner Majestät gefallen, uns das Verständnis darüber zu öffnen, wie teuer wir ihm sind, wie der Diener nicht über seinem Herrn steht, wie es nötig ist, dass wir arbeiten, um seiner Herrlichkeit teilhaftig zu werden, und wie es zu diesem Zweck notwendig für uns ist zu beten, um nicht beständig in Anfechtung zu fallen.

c) Dritte Wohnung

Diese dritte Wohnung lässt sich als ein Übergangszustand beschreiben, in dem es Hindernisse gibt, die das Fortschreiten erschweren und die den Pilgrim entmutigen können, insbesondere wenn der Brunnen des geistlichen Lebens zeitweise zu versiegen droht, wodurch eine spirituelle Trockenheit verursacht wird und das Gebetsleben in Dürrezeiten zu verebben droht. Dem hat Teresa mit ihrem Rat und aufmunternden Zuspruch entgegenzu-

38 Teresa merkt hier an, sie glaube, dass das Jesus-Wort so laute, weil es Frauen, so auch ihr, nicht erlaubt war, die Bibel in der Volkssprache zu lesen.

wirken. „Es geht also in der dritten Wohnung vor allem um das Durchhalten, das, wenn es geschieht, im Grunde schon Gottesliebe anzeigt. Hand in Hand damit geht eine wachsende Nächstenliebe, eine wachsende Bereitschaft, ein wesentliches und von gutem Handeln bestimmtes Leben zu führen." (Erika Lorenz)

O mein Herr und mein Heil! Wie kannst du wollen, dass man noch nach einem so elenden Leben Verlangen trägt? Denn es ist unmöglich, darauf zu verzichten und dich zu bitten, dass du uns ihm entreißt, wenn einen nicht die Hoffnung erfüllt, es für dich zu verlieren, es wahrhaftig in deinem Dienst hinzugeben, vor allem, wenn einem die Erkenntnis mangelt, dass dies dein Wille ist. Ist er es, mein Gott, so wollen wir mit dir sterben, wie einst der Apostel Thomas sagte. Denn ohne dich leben ist ein fortgesetztes Sterben; und wir leben in der Befürchtung, dass es möglich sein könne, dich auf immer zu verlieren ... Welche Freude kann angesichts jener Furcht derjenige besitzen, dessen ganze Genugtuung darin besteht, Gott zu erfreuen? ...

Nicht ohne Tränen kann ich es sagen, nicht ohne Bestürzung kann ich es betrachten, dass ich für diejenigen etwas schreibe, welche imstande wären, mich zu belehren. Aber die Stärke des Gehorsams nötigt mich dazu. Möge es dem Herrn gefallen, dass während meines Tuns einiger Nutzen für euch abfällt. Bittet ihn deshalb, der Elenden und Vermessenen [die ich bin] zu verzeihen ... Aber seine Majestät weiß wohl, dass ich nur auf seine Barmherzigkeit mich stützen kann. Ich kann nicht davon ablassen, diejenige zu sein, die ich gewesen bin; dass ich kein anderes Mittel habe, als mich ihm zu nähern und mein Vertrauen auf die Verdienste seines Sohnes und seiner jungfräulichen Mutter zu setzen. Unwürdig trage ich ihr Gewand, und ihr, Schwestern, tragt es ja auch ...

Verschiedene innere Leiden, von denen viele gute Seelen unerträglich gepeinigt werden und an denen sie nicht die geringste Schuld haben, will ich einmal beiseite lassen; ebenso die Qualen solcher Menschen, die von der Schwermut und anderen Krankheiten heimgesucht werden. Die Gerichte Gottes müssen wir überhaupt außerhalb unserer Erörterung lassen. Die häufigste Ursache der Dürre ist jedoch meines Erachtens das, was ich gesagt habe ...

Tretet ein, tretet ein, meine Töchter, in das Innere! Bewegt euch vorwärts von eurem kleinen, dürftigen Werke! Weil ihr Christinnen seid, müsst ihr das alles und noch mehr tun. Es genüge euch, dass ihr Untertaninnen Gottes seid. Verlangt nicht so viel zu wollen, dass ihr nicht um alles kommt. Schaut auf das Beispiel der Heiligen, welche in das Gemach jenes Königs eintreten. Da werdet ihr den Unterschied erkennen, der zwischen ihnen und uns besteht. Bittet nicht um das, was ihr nicht verdient habt. Auch hätte es uns in den Sinn kommen sollen, dass, wenn wir noch so hingebungsvoll dienen, wir auch nicht ein wenig verdient haben; sind wir doch die, die Gott beleidigt haben.

O Demut, Demut! Ich weiß nicht, welche Versuchung ich in diesem Fall empfinde, dass ich dem nicht vollständig glauben kann, welcher von jener Dürre so viel Aufhebens macht. Hier dürfte vielmehr ein gewisser Mangel an Demut bestehen. Dabei sehe ich einmal ab von den großen inneren Hindernissen, zumal sie weit zahlreicher sind als ein bloßer Mangel an Andacht. Schwestern, lasst uns uns selbst prüfen!

Ihr Töchter, beachtet einige Punkte, welche hier, wenn auch verschleiert, angedeutet sind. Ich kann es nicht näher erläutern. Der Herr wird euch darüber das Verständnis eröffnen, damit euch aus der Dürre Demut, aber keine Unruhe erwächst, wie sie der Satan bezweckt. Glaubet, dass, wo Demut wirklich vorhanden ist, Gott, wenn er auch nie Gaben gewähren sollte, doch einen Frieden und eine Gelassenheit geben wird. Damit werden wir eher zufrieden sein als andere mit den Gaben, die die göttliche Majestät den Schwachen gewährt. Ich glaube freilich, dass sie dieselben nicht für die Stärke derer hingeben mögen, die der Andacht oft ermangeln müssen. Wir sind wohl mehr Freunde der Vergnügungen als des Kreuzes. Prüfe du uns, Herr, der du die Wahrheit kennst, auf dass wir uns selbst erkennen!

Bei ihren Überlegungen, wie man der Selbsterkenntnis näher kommen könne, lenkt Teresa die Aufmerksamkeit ihrer Schwestern auf spirituell gereifte Menschen, deren Rat und Weisung beispielgebend wirken. Es verdiene eine gewisse Sorgfalt bei der Auswahl solcher Menschen. Es sollten nach Möglichkeit solche Personen sein, die über spirituelle Eigenerfahrung verfügen. Niemand kann auf dem inneren Weg weiter begleiten, als er selber gekommen ist.

Auch für Menschen, die nicht dem geistlichen Stande angehören, wäre es sehr wichtig, jemanden zu haben, bei dem man sich Weisung holen kann, um in nichts nur nach dem eigenen Willen zu handeln; denn darin liegt eine Ursache unseres Schadens. Dabei müssen wir aber nicht einen Menschen unserer eigenen Sinnesart aussuchen, sondern einen, der sich von Irrtümern hinsichtlich der weltlichen

Dinge frei und unabhängig gemacht hat. Denn es ist oft nützlich, mit jemandem Umgang zu haben, der sich von nichts Irdischem mehr blenden und täuschen lässt, damit auch wir kundig werden und uns selbst erkennen ...

Schauen wir uns jetzt unsere eigenen Fehler an und sehen wir von denen der anderen ab. Es ist bei vielen ganz ordentlichen Leuten häufig der Fall, dass sie sich über alles verwundern. Vielleicht aber könnten wir von denen, über die wir uns wundern, in der Hauptsache lernen, indem wir ihnen etwa nur in der äußeren Bescheidenheit und der Art des Umgangs überlegen sind. Wie gut das auch sein mag, so ist es nicht das Wichtigste, noch gibt es einen Grund zu wünschen, dass alle sogleich unseren Weg gehen möchten oder beginnen, den Weg des Geistes zu lehren, wenn man selbst nicht weiß, worin er eigentlich besteht.

Ihr Schwestern, in dem von Gott eingegebenen Verlangen nach dem Heil der Seelen können wir mancherlei Irrtümer begehen. Und so ist es besser, wenn wir uns nach dem richten, was unsere Ordensregel vorschreibt, das heißt, uns stets in Schweigen und Hoffen zu leben bemühen. Für seine Seelen wird der Herr sorgen; wenn wir nur selber nicht versäumen oder ablassen, unser Flehen an seine Majestät zu richten. Seine Gunst wird es sehr weit voranbringen.

d) Vierte Wohnung

Es entspricht dem von Teresa aufgrund ihrer Erfahrung beschriebenen geistlichen Weg, dass das Ego-betonte Heilsstreben, das heißt: das vom Menschen Begonnene, mehr und mehr der Gnade und Liebe Gottes anheimgestellt wird. Die menschliche Aktivität soll konsequent in eine

Passivität übergehen, die nur insofern tätig ist, als sie sich für das Handeln Gottes an und in ihr offen hält. Insofern geht es um ein qualifiziertes Nichthandeln. Teresa nennt es in anderem Zusammenhang das „Gebet der Ruhe". Da ist an jenes in der „Vida" gezeichnete Bild von der Bewässerung des Gartens der Seele zu erinnern. Und zwar ist jene Vorgehensweise gemeint, die auf ein angestrengtes Schöpfen aus der Tiefe des Brunnens verzichten kann, weil es einen Modus des Geistempfangs gibt, nach dem das Quellwasser selbsttätig aus dem Brunnengrund emporsteigt. Das menschliche Sorgen, Bestimmen und Tun ist damit über-„flüssig" geworden. Wo die göttliche Gnade quillt, obliegt es dem Menschen allein, das sich Darbietende als ein Geschenk zu empfangen und die unverfügbare göttliche Gnade in sich wirken zu lassen:

„Jede Anstrengung schadet! Die Fähigkeiten des Menschen, seine Aufmerksamkeit, sein Wollen und Lieben, seine Sinne sind ganz nach innen gerichtet ... Einerseits empfindet der Mensch, wie er ganz selig in Gott ruht. Der ‚Wille' ist gebunden, nennt man das zur Zeit Teresas ... Es findet also ein erster wirklicher Austausch statt. Und vor allem wird zum ersten Mal der Seelengrund erfahren, jener ‚Ort', in dem später ‚als Mitte' die Erkenntnis und Vereinigung mit der Gottheit erfolgt. Die sehr beseligende Erfahrung dieser Wohnung soll dem inneren Menschen Freiheit, Zuversicht und Kraft zum Weiterschreiten geben. Wollte er hieraus aber falsche Schlüsse ziehen und nun weitere hohe Gnaden, Beseligungen und ‚Fortschritt' erstreben, so wäre sein Weg hiermit zu Ende. Denn in dieser vierten Wohnung kommt alles darauf an, nichts zu erstreben, außer der aus der Liebe erwachsenden Nachfolge des Herrn." (E. Lorenz)

1. Kapitel

Indem ich mich anschicke, von der vierten Wohnung zu sprechen, bedarf ich recht sehr dessen, was ich gesagt habe, nämlich dass ich mich dem Heiligen Geist befehle und ihn bitte, dass er fortan für mich spreche, damit ich etwas sage, das da bleibt, und zwar so, dass ihr es versteht. Die Dinge beginnen nämlich nun übernatürlich zu werden, und es ist schwer, das Verständnis zu gewähren, wenn seine Majestät es nicht von sich aus tut, wie ich auch anderwärts, vor ungefähr vierzehn Jahren, geschrieben habe[39], soweit mir damals das Verständnis bereits aufgegangen war.

Da diese vierte Wohnung dem Aufenthaltsort des Königs schon näher liegt, so ist ihre Schönheit groß, und es gibt so liebliche Dinge zu schauen und zu erkennen, dass der Verstand sich eine Beschreibung nicht auszudenken vermag, damit es für diejenigen, die noch keine Erfahrung haben, nicht völlig dunkel bleibe. Wer dagegen schon Erfahrung besitzt, wird es schon verstehen, je reichlicher er davon hat ... Der Herr gibt seine Gaben, wann und wie es ihm gefällt ...

Ich will nun von dem sprechen, was ich angekündigt habe, nämlich von dem Unterschied, der bei den Freuden im Gebet und den Wonnen besteht. Freude oder Befriedigungen kann man meiner Meinung nach jene angenehmen Empfindungen nennen, die wir durch unsere Meditation und durch die an unseren Herrn gerichteten Bitten erlangen. Das nimmt seinen Ausgang von unserer menschlichen Natur, wenn auch zuletzt Gott es ist, der wesentlich hilft.

39 Teresa denkt vermutlich an ihre autobiografischen Aufzeichnungen in ihrer Vida.

Und das muss für alles gelten, denn ohne ihn vermögen wir nichts ...

Ich meine, dass die Befriedigungen, welche uns durch die göttlichen Dinge zuteil werden, ebenso natürlich sind wie jene. Nur sind sie von edlerer Abkunft. Kurz und gut: Die Befriedigungen oder Freuden im Gebet beginnen in unserer eigenen Natur und enden in Gott. Die Wonnen dagegen beginnen in Gott, und die Natur empfindet sie und genießt sie genau so sehr wie die Freuden, ja noch viel mehr.

O mein Jesus! Was für ein Verlangen habe ich doch, mich hierüber einigermaßen deutlich auszusprechen! Denn ich verstehe meines Erachtens einen wohl bekannten Unterschied. Allein mein Wissen reicht nicht aus, mich darüber verständlich zu machen. Mag der Herr es tun. Jetzt fällt mir ein Vers ein[40], den wir bei der Prim, dem ersten Stundengebet früh morgens, am Ende des letzten Psalms gesprochen haben. Es heißt darin: „Wie erweiterst du mein Herz!" (*Cum dilatasti cor meum*). Für denjenigen, der über viel Erfahrung verfügt, genügt dies, um den Unterschied einzusehen, der zwischen beiden Dingen besteht. Ein solcher bedarf keiner weiteren Erklärung. Das Vergnügen, welches hier gemeint ist, erweitert das Herz nicht. Vielmehr hat es gewöhnlich den Anschein, als ob es

40 Weil Nonnen Besitz und Lektüre einer volkssprachigen Bibel nicht erlaubt war, musste sich Teresa mit den Bibeltexten begnügen, die ihr aus dem Gottesdienst und den Stundengebeten bekannt waren, ferner aus der in ihrem Umkreis viel gelesenen *Vita Christi* des Ludolf von Sachsen. Was „die Heilige Schrift als letzte Norm für Teresas Mystik" anlangt, so hat darauf insbesondere Ulrich Dobhan aufmerksam gemacht, in: Gottesfreundschaft. Christliche Mystik im Zeitgespräch. Hrsg. Dietlind Langner u.a. Fribourg 2008, S. 195 ff.

dasselbe sogar ein wenig zusammenschnüre, ganz unbeschadet des Vergnügens an allem, was man für Gott tut ...

Allein ich bin sehr unbeholfen; ich wüsste mich sonst verständlich zu machen. Es ist eine große Sache um die Wissenschaft und Fertigkeit im schriftlichen Ausdruck. Aus Erfahrung weiß ich von diesem Zustande jener angenehmen Empfindungen bei der meditativen Betrachtung. Hier nur Folgendes: Wenn ich das Leiden Christi zu beweinen anfing, konnte ich dabei kein Ende finden, bis mir der Kopf brannte. Dasselbe geschah mir beim Weinen über meine Sünden. Eine große Gnade hat mir unser Herr erwiesen, dass ich jetzt nicht untersuchen möchte, welche davon nun die beste sei, diese oder die andere. Ich wollte nur gern den Unterschied zum Ausdruck bringen, der zwischen beiden besteht ...

Ich möchte ferner darauf hinweisen, dass es, wenn man auf diesem Weg gut vorankommen und zu den ersehnten Wohnungen emporsteigen will, nicht darauf ankommt, viel zu denken, sondern viel zu lieben. Darum, ihr Schwestern, tut das, was am meisten Liebe in euch erweckt. Vielleicht wissen wir aber gar nicht, was Lieben ist. Das würde mich nicht sehr wundern. Denn es besteht nicht in dem großen Genuss, sondern in der größeren Entschlossenheit, Gott in allem eine Freude bereiten zu wollen, sich mit allen Kräften darum zu bemühen, dass wir ihn nicht beleidigen, und ihn zu bitten, dass die Ehre und der Ruhm seines Sohnes sowie das Wachstum der christlichen[41] Kirche stets Vorrang vor allem anderen habe. Das sind Zeichen der Liebe.

41 Teresa spricht naturgemäß von der „katholischen Kirche“, weil die Existenz von Christen, die sich wie Luther von der römischen Kirche getrennt haben, nicht zur Diskussion stand.

Aber glaubt nicht, ihr dürftet nun an überhaupt nichts anderes mehr denken, und es sei alles verloren, wenn ihr euch ein wenig zerstreut.

2. Kapitel

Ähnlich wie es Teresa nicht unterlassen kann, aus einer Demutshaltung heraus sich mehrfach als unnütz und unkundig hinzustellen, zögert sie auch nicht mitzuteilen, in was für einer leiblich-seelisch-geistigen Verfassung sie sich befand, als sie ihre Aufzeichnungen, so auch die der „Seelenburg", niederzuschreiben hatte. Fast tut es ihr leid, dass sie unter Berücksichtigung ihrer – vermeintlich – geringen Fähigkeiten die Abfassung ihres Buches überhaupt begonnen habe. Dabei waren es ihre geistlichen Vorgesetzten, die sie in Einschätzung ihrer offenkundigen spirituellen Erfahrungen und Qualitäten für ihre schriftstellerischen Aufgaben jeweils in Pflicht genommen haben. Dennoch bezichtigt sich Teresa selbst der dafür erforderlichen Entscheidung und legt ihren Lesern geradezu nahe, mit dem Scheitern ihres Tuns zu rechnen.

Mein Gott! Auf was habe ich mich da eingelassen! Ich hatte vergessen, was ich abhandelte, denn die Verpflichtungen und mein Gesundheitszustand nötigen mich oft, es in der besten Zeit aufzugeben. Da ich ein schwaches Gedächtnis habe, wird im Fortgang alles ungeordnet erscheinen, weil ich nicht dazu komme, alles nochmals zu lesen. Vielleicht ist sogar alles, was ich sage, verworren, wenigstens empfinde ich es so. Ich habe, wie ich meine, von den geistlichen Tröstungen gesprochen und wie diese in unsere Leidenschaften eingehüllt sind. Sie sind manchmal von heftigem Seufzen begleitet. Auch habe ich von Personen gehört, wie ihnen die Brust zusammengepresst wurde. Ebenso kommt es zu Äußerungen, die man gar nicht zurückhalten kann. Die Gewalt ist so groß, dass sie ihnen das Blut aus der Nase treibt und auf andere Weise zu schaffen macht ...

Ich habe den Eindruck, dass es etwas ist, das nicht im Herzen entspringt, sondern anderswo, noch weiter innen, wie aus einer abgründigen Tiefe hervorquillt. Ich nehme an, dass es vom Zentrum der Seele herkommen muss. Denn wahrlich, ich sehe Geheimnisse in uns selbst, die mich oft erschreckt haben ...

Um auf den Psalmvers zurückzukommen, der begreiflich macht, was als Ausweitung des Herzens zu verstehen ist, dass – wenn das himmlische Wasser, von dem ich gesprochen habe, vom Grund der Seele aufzusteigen beginnt – ein unaussprechliches Erhobensein ihr ganzes Wesen erfüllt. Es ist, als ob ein Feuer in ihr verborgen wäre, aus dem ein Weihrauch emporsteigt: ein Feuer, das nicht leuchtet, aber mit köstlichem Wohlgeruch und von milder Wärme begleitet, die Seele ganz durchdringt und sich auch zuweilen dem Körper fühlbar macht.

Bei den immerhin kurz andeutenden Vergleichen wie diesen ist die Autorin Mal um Mal mit dem Problem konfrontiert, dass die an die Sinne gebundene Bildhaftigkeit ihrer Beschreibung Unerfahrenen immer noch recht missverständlich erscheinen kann. Gelegentlich lässt sie durchblicken, welche psychologischen und sinnesphysiologischen Überlegungen sie im Blick auf das visionär Wahrgenommene beschäftigen. Deshalb Teresas Hinweis:

Bildet euch aber nicht ein, ihr Schwestern, man empfinde diese Wärme und diesen Wohlgeruch auf sinnliche Weise! Dieser Vorgang ist viel zu geistiger Natur, als dass er sich so kundtäte. Ich bediene mich jener Worte nur, um sie euch verständlicher zu machen. Diejenigen, welche Derartiges nie empfunden haben, können mir auf ein Wort hin glauben, dass dem so sei und dass die erfahrende Seele dies viel klarer erkennt, als ich es auszudrücken vermag. Auch ist es kein Zustand, der durch unsere Vorstellungskraft, selbst bei der größtmöglichen Anstrengung, hervorgebracht werden könnte – ein klarer Beweis dafür, dass dies alles nicht von uns, sondern von jener reinen göttlichen Quelle der ewigen Wahrheit ausgeht. Es scheint mir dabei keine Vereinigung unserer Seelenkräfte stattzufinden, sondern eher ein Zustand der Seligkeit, in den der Anblick der Wunder, die da geschehen, sie versetzt ...

3. Kapitel

Nach meiner Erfahrung ist es für die Seele, welche der Herr in diese vierte Wohnung eingelassen hat, am besten, dass sie ohne jede Anstrengung oder Geräusch sich bemüht, die Tätigkeit des fluktuierenden Verstandes zu mäßigen, jedoch ohne das Denken und den Verstand deshalb ganz außer Kraft setzen zu wollen. Gut ist vielmehr, wenn sich die Seele vergegenwärtigt, dass sie vor Gott steht und wer eigentlich dieser Gott ist. Vertieft sie sich dahinein, so ist es gut. Sie muss sich nur nicht bemühen, auch noch begreifen zu wollen, was letztlich zugrunde liegt, denn das bleibt dem Willen überantwortet. Man lasse ihn absichtslos schalten und walten; nur einige Worte der Liebe gestatte man ihm. Wenn wir uns auch nicht bemühen, uns von Denkanstrengungen freizuhalten, so erfolgt das Erleben häufig, wenngleich nur für kurze Zeit.

Ich habe schon andernorts von dieser Gebetsart gesprochen. Ich meine diejenige, womit ich diese Wohnung begann und der ich dann das Gebet der inneren Sammlung habe folgen lassen. Eigentlich hätte ich sie an erster Stelle nennen müssen ... In diesem Gebet der Sammlung hat man die Meditation nicht zu beenden, ebenso wenig die Verstandestätigkeit. Die Ursache besteht darin, dass hier eine ursprüngliche Quelle fließt, welche – bildlich ausgedrückt – nicht von [menschengemachten] Wasserleitungen herkommt. Der Verstand ergibt sich oder muss sich ergeben, wenn er einsieht, dass er nicht versteht, was er wohl verstehen möchte. Darum bewegt er sich wie närrisch hin und her und hat keinen festen Halt.

Zu Gott hat die Seele einen so starken Willen, dass ihr dessen Unruhe große Beschwerden verursacht. Deshalb muss sie sich nicht besonders darum kümmern, denn sonst wird sie an ihrer Freude darüber große Einbuße erleiden. Sie muss sich ihnen vielmehr überlassen und sich selber ganz der Liebe anvertrauen. Seine Majestät wird sie belehren, was sie hierbei zu tun hat. Und das besteht fast nur darin, dass sie sich eines so großen Glückes für unwürdig hält und dass sie Gott Dankbarkeit erweist ...

Es gilt zu begreifen, dass die Seele, wenn sie ein Erlebnis hat, das wahrhaft von Gott kommt, keine Schwächung erleidet, auch wenn innerlich und äußerlich ein Zusammenbruch der Kräfte erfolgen sollte, und dass sie von starken Gefühlen bewegt wird, weil sie sich Gott so nahe fühlt. Auch dauert solch ein Erlebnis nicht lange, sondern nur ganz kurze Zeit. Selbst wenn man wiederholt in den Zustand der Versenkung gerät, so kommt es bei dieser Gebetsart – sofern es nicht bloße Schwäche ist – doch nicht so weit, dass der Körper zu Boden stürzt oder dass äußerlich irgendetwas zu fühlen wäre.

e) Fünfte Wohnung

1. Kapitel

Bei der Besprechung der fünften Wohnung angekommen, wird der Schreiberin einmal mehr und in gesteigertem Maße deutlich, welch hohem Anspruch sie angesichts des großen Themas genügen soll, dem sie nach ihrem Dafürhalten nicht gewachsen ist. So ist sie besorgt, der Besprechung der weiteren Wohnungen der Seelenburg möglicherweise nicht zu genügen. Deshalb die abermalige Bitte um den göttlichen Beistand, geht es doch darum, dass auf dem Hingang zur innigen Gottesbegegnung hier gleichsam ein erster Grad der Vereinigung erreicht werde, der in der sechsten Wohnung die geistliche Verlobung, schließlich in der siebten und innersten Wohnung die geistliche Vermählung folgen soll. Eingestreut sind jeweils Warnungen vor der versucherischen Macht des Bösen, weil der Satan, wie sie wiederholt erwähnt, sich manchmal in einen Engel des Lichts verkleidet und weil auch er eine Entrückung vortäuschend bewirken kann. Fast ist Teresa geneigt, an dieser Stelle ihre Schilderungen abzubrechen. Daher ihre erneute Bitte um den göttlichen Beistand.

Meine Schwestern, wie kann ich euch den Reichtum, die Schätze und die Wonnen beschreiben, welche in dieser fünften Wohnung sich befinden! Ich meine, es würde besser sein, nichts von den Wohnungen zu berichten, welche noch übrig bleiben. Um es auszusprechen, gibt es keine Worte, noch vermag es der Verstand, sie zu begreifen. Gleichnisse reichen nicht aus, es zu veranschaulichen, denn die irdischen Bilder sind für einen solchen Gegenstand zu gering.

Sende mir, Herr, Licht vom Himmel, damit ich wenigstens etwas von all dem deinen Dienerinnen mitteilen kann. Es gefällt dir doch, dass einige von ihnen diese Wonnen beinah wie alltäglich genießen. Lass sie nicht getäuscht werden, indem sich ihnen der Satan als ein Engel des Lichts verstellt. Mögen daher alle ihre Wünsche in dem Wunsche, dir zu gefallen, in Erfüllung gehen!

Ich sagte: Einige oder nur wenige gelangen nicht in diese Wohnung, von der ich jetzt sprechen werde ... Seht, meine Töchter, im Blick darauf verlangt Gott, dass ihr euch von allem völlig entäußert, ob ihr wenig oder viel besitzt. Er verlangt alles für sich. Und je nach dem Maße dessen, war ihr selber gegeben habt, werden euch größere oder kleinere Gnaden zuteil werden. Hieran lässt sich am genauesten prüfen, ob unser Gebet bis zur Vereinigung gelangt oder nicht.

Auch dürft ihr nicht meinen, dass es sich um etwas Erträumtes handelt. Erträumtes, sage ich, denn es scheint, als ob die Seele wie eingeschlummert sei, weder zu schlafen scheint noch voll wach ist. Hier aber ist sie ganz wach vor Gott, während sie tief entschlafen ist für die Dinge der Welt und auch entrückt von sich selbst. Denn während der kurzen Zeit der Einigung bleibt sie wahrhaftig wie ohne Empfindung. Sie vermag auch nicht zu denken, selbst wenn sie es wollte. Es ist alsdann nicht nötig, den Gedankenfluss künstlich anzuhalten. Selbst wenn es die Seele bis zur Liebe bringt, weiß sie nicht, wie das zugeht, noch was das ist, was sie liebt oder wonach sie verlangt. Kurz: Sie ist wie einer, der der Welt gänzlich abgestorben ist, um noch mehr in Gott zu leben. Es scheint so etwas wie ein „süßer Tod" zu sein, ein Tod insofern, als es sich als ein Entrissenwerden[42] aus allem Tätigsein darstellt, solange sie im Körper steckt. Köstlich auch ist dieser Tod, weil die Seele sich aus dem Leib, in dem sie ist, hinwegzuziehen scheint, um intensiver in Gott zu sein. Es geschieht dergestalt, dass ich selbst nicht weiß, ob einem da nur das Leben bleibt, um zu atmen ...

O Geheimnisse Gottes! Die Mühe für die Offenlegung des Zugrundeliegenden soll mich nicht verdrießen, wenn ich meine, dabei das Rechte einigermaßen zu treffen. Und so will ich, wenn es denn sein sollte, tausend Torheiten aussprechen, wenn ich bei meinem Versuch der Erklärung nur einmal das Richtige finde, damit wir Gott loben. Ich sagte, es sei hier kein Traumzustand, weil in der vorigen Wohnung die Seele, solange sie noch keine Erfahrung hat, sich nicht darüber im Klaren war, um was es eigentlich ging und ob sie sich vielleicht nur etwas eingebildet habe ...

Mutig darf ich behaupten, dass, wenn wirklich eine Vereinigung mit Gott stattfindet, der Satan weder eindringen noch Schaden anrichten kann. Denn die göttliche Majestät ist so eng mit dem Wesen der Seele verbunden, dass sich die Macht des Bösen jetzt nicht heranwagen kann. Er wird

42 Nochmalige Anspielung auf den in der Mystik bekannten blitzartigen Moment des *raptus*, der als ein bewusstseinsmäßiges *Herausgerissenwerden* aus den raum-zeitlichen Verhältnissen erlebt wird.

das Geheimnis wohl gar nicht verstehen ... Der Seele wird also ein solch reicher Gewinn zuteil, weil Gott in ihr wirkt, ohne dass irgendjemand – nicht einmal wir selber – dies zu hindern vermag.

2. *Kapitel*

Das Wissen um die Unzulänglichkeit von Vergleichen, die notgedrungen aus Dingen und Vorstellungen der Sinneswelt genommen sind, lässt Teresa jedoch nicht auf weitere Gleichnisse verzichten. Das ist schon im Hinblick auf ihre Schwestern kaum empfehlenswert. Bei der Besprechung der fünften Wohnung bringt sie das Gebet der Vereinigung in Zusammenhang mit einem Bild aus dem Bereich der Seidenherstellung. Die Rede ist vom Gleichnis von der Seidenraupe. „Teresa benutzt nun statt eines Wassergleichnisses das der Raupe, die sich einspinnt, um ein Schmetterling zu werden. Einerseits ist es Gott, der diese Möglichkeit der Raupe geschenkt hat. Andererseits spinnt sie selbst den Faden. Das heißt, so sagt Teresa, wir müssen diesen Akt der Übergabe vollziehen. Die Wohnungen, das heißt die Vereinigungen, werden uns dann geschenkt. Von dieser Stufe ist schon sehr schwer zu sprechen. Bilder und Gleichnisse werden immer notwendiger. Das Gebet der Vereinigung selbst, das nie länger dauert als etwa eine halbe Stunde, wäre dann der aus der Raupe entschlüpfende Schmetterling.“[43] Teresa räumt vorsichtigerweise ein, dass sie dergleichen nur vom Hörensagen kennt, sodass sie sich bei ihrer Deutung nicht aller Einzelheiten und Vergleichspunkte sicher sein kann.

43 Erika Lorenz: Teresa von Avila. Schaffhausen 1982, S. 44.

Ihr werdet gehört haben, auf welche wunderliche Weise Seide entsteht und dass sie aus Eiern hervorgeht, die wie kleine Pfefferkörner aussehen. Wenn es warm wird und die Maulbeerbäume Blätter treiben, beginnen diese Eier sich zu regen, und es kriechen kleine Raupen heraus. Denn bevor diese für sie notwendige Nahrung vorhanden ist, sind sie wie tot. Die Seidenraupen fressen dann von den Maulbeerblättern, bis sie ausgewachsen sind. Es werden darauf Zweige hingelegt, auf denen sie mit ihrem winzigen Maul Seide zu spinnen beginnen und um sich herum einen festen kleinen Kokon bilden, in dem sie ganz eingeschlossen sind. Schließlich schlüpft anstelle der Raupe, die groß und hässlich war, ein wundervoller weißer Schmetterling aus dem Kokon.

Die Erzählerin meint, wer den Vorgang nicht gesehen habe, hielte das Geschilderte für etwas Vergangenes, Fernes, aber nicht Wirkliches. Man traut einem so winzigen Geschöpf ein derartiges Können keinesfalls zu. Um nun auf das Gesagte zurückzukommen, versucht Teresa von Avila einen Bezug zum inneren Menschen herzustellen, weil es auch und gerade bei ihm um eine ihn zur Reife bringende Metamorphose, um einen Gestaltwandel auf der spirituellen Ebene geht.

Die Seidenraupe gleicht der Seele, die zum Leben erwacht, wenn sie mittels der Hitze des Heiligen Geistes beginnt, die gewöhnliche Hilfe in Anspruch zu nehmen, die Gott allen gewährt, und sich der Heilmittel zu bedienen, die er uns in seiner Kirche hinterlassen hat, wie die häufige Beichte, das Lesen guter Bücher und das Anhören von Predigten, welche

Heilmittel für eine Seele sind. Ist doch die Seele infolge von Nachlässigkeit und Sünde wie tot und jeder Versuchung ausgesetzt. Die Seele beginnt wieder zu leben und ernährt sich mit dieser Speise und mit heilsamen Meditationen, bis sie ganz herangereift ist. Und darauf kommt es mir jetzt an; alles andere ist von geringer Bedeutung.

Wenn sie ganz herangereift ist, beginnt die Raupe ihre Seide zu spinnen und das Haus zu bauen, in dem sie sterben wird. Unter diesem Haus kann hier Christus verstanden werden. Ich glaube, ich las oder hörte irgendwo, unser Leben sei in Christo oder in Gott verborgen, oder: Christus sei unser Leben.[44] Ob es so oder anders ist, bedeutet mir wenig.

Hier seht ihr, meine Töchter, was wir mit Gottes Hilfe tun können! Möge seine Majestät selber unsere Wohnung sein, wie er es in diesem Gebet der Vereinigung ist, das wir selber spinnen. Wenn ich sage, dass er unsere Wohnung sein wird, die wir für uns bauen und in der wir uns verbergen können, schien ich anzudeuten, wir könnten von Gott etwas fortnehmen oder ihm hinzufügen. Denkt aber nicht, dass wir dies tun. Wir können weder von Gott etwas fortnehmen, noch ihm hinzufügen, genauso wie diese kleinen Seidenraupen es tun. Und bevor wir noch alles getan haben, was wir in dieser Hinsicht zu tun vermögen, wird Gott das Wenige, das wir erreichen, das so gut wie nichts ist, nehmen, es mit seiner Größe vereinigen und ihm einen solchen Wert verleihen, dass die Belohnung dafür der Herr selber sein wird ...

44 Diese Unsicherheit in der Herkunft des beiläufigen Zitats rührt daher, dass Teresa keinen Zugang zur Bibel hatte. Es handelt sich um das Paulus-Wort: „Euer Leben ist verborgen mit Christus in Gott“; Kol 3,3.

An die Arbeit denn, meine Töchter! Beeilen wir uns, diese Arbeit zu verrichten und diesen Kokon zu spinnen, indem wir unserem Eigenwillen und unserer Eigenliebe entsagen, unsere Bindung an die irdischen Dinge lösen, Buße tun, uns im Gebet, in der Abtötung[45] und im Gehorsam üben und alle anderen uns bekannten guten Werke verrichten. Lasset uns tun, was man uns lehrte und als unsere Pflicht bezeichnete. Lasset die Seidenraupe sterben. Ja, lasset sie sterben, wie sie es in Wirklichkeit tut, wenn sie das Werk vollendet hat, für das sie erschaffen wurde. Dann werden wir Gott schauen und in seiner Größe ebenso verborgen sein, wie es jene kleine Raupe in ihrem Kokon ist. Merkt euch wohl, dass, wenn ich von der Gottesschau spreche, ich die Weise meine, in welcher er sich in der vorher schon genannten Art der Vereinigung zu erkennen gibt.

Nun wollen wir sehen, was aus dieser Seidenraupe wird, denn alles, was ich von ihr sagte, führt zu diesem Ziel. Wenn sie sich in diesem Zustand des Gebetes befindet und der Welt ganz abgestorben ist, schlüpft sie als kleiner weißer Schmetterling aus. O wie groß ist Gott! Zu denken, dass eine Seele in dieser Weise ausschlüpfen sollte, nachdem sie in Gottes Größe verborgen und mit ihm eng verbunden war, und das nur so kurze Zeit – ich glaube, nie länger als eine halbe Stunde!

Ich gestehe euch offen: Die Seele ist sich wirklich selber ein Rätsel. Bedenkt doch, welch ein Unterschied zwischen

45 Unter Abtötung ist eine Übung und Lebenshaltung gemeint, die sich vom Egoismus des „alten Menschen“ löst, ihn sterben lässt, damit der „neue“, der selbstlos gewordene Mensch immer mehr Teilhabe am Leben in Christus gewinne.

einer hässlichen Raupe und einem weißen Schmetterling besteht. Das ist genau das Gleiche wie hier. Die Seele kann sich nicht vorstellen, womit sie ein so großes Glück verdient haben könnte, denn sie weiß genau, dass sie es in keiner Weise verdient hat. Sie sieht sich von so großer Sehnsucht erfasst, den Herrn zu preisen, dass sie um seinetwillen gern vergehen und tausend Tode erleiden möchte. Dann wieder sehnt sie sich danach, schweren Prüfungen unterworfen zu werden ...

3. Kapitel

Teresa gab sich offensichtlich nicht der Täuschung hin, dass spirituelles Streben sich selbst genug sein dürfe, dass aber nicht selten die Neigung und Gefahr besteht, das tätige Leben für andere, die Akte selbstloser Nächstenliebe, zugunsten einer angenehmen geistlichen Betätigung aufzugeben. Nicht anders als etwa Meister Eckhart insistierte auch die Karmelitin – erstaunlicherweise gerade sie! – auf dem Vorrecht der Nächstenliebe vor der Hingabe an das innere Erleben, wenn sie ihren Schwestern mehrfach aufmunternd zurief: „Taten, Werke will der Herr!"

Wenn ich Seelen beobachte, die sich alle Mühe geben, das ihnen gegebene Gebet zu verstehen und sich etwa mit geschlossenen Augen ganz in sich zurückziehen, als wagten sie sich nicht zu rühren, nichts zu denken, damit ihnen nicht das Geringste an geistlichem Genuss und an der Andacht entgehe, so wird mir deutlich, wie wenig sie vom Weg der Einigung begriffen haben und wie sie sich einbilden, dass in solchen Gesten die ganze Sache bestehe.

Aber nein, ihr Schwestern, nein, *Taten verlangt der Herr*! Siehst du etwa eine Kranke, der du eine Erleichterung ihres Leidens verschaffen kannst, so gib ganz ohne Umstände deine Andacht auf und erbarme dich ihrer! Hat sie Schmerzen, so lass es auch dich schmerzen. Und wenn es nötig ist, faste du, damit sie esse; und nicht allein für sie ist das gemeint, sondern weil du weißt, dein Herr will es so. Eben dies ist die wahre Einigung mit seinem Willen.

Und wenn du jemanden sehr loben hörst, so sollst du dich darüber mehr freuen, als wenn man dich lobte. Das ist in der Tat leicht, denn wer demütig ist, dem wird es wehe tun, sich loben zu hören. Aber diese Freude über die Anerkennung, welche die Wohltaten der Schwestern finden, ist etwas Großes. Wenn wir jedoch an jemandem irgendeinen Mangel entdecken sollten, muss es uns so leid tun, als ob wir den Fehler selber gemacht hätten ...

Schließlich sei gesagt: Lasst uns immer danach streben, dass wir innerlich vorankommen. Geschieht das nicht, so muss uns große Furcht erfüllen; denn sicher will uns dann der Satan irgendwie übertölpeln. Nachdem wir so weit gekommen sind, ist es unmöglich, dass wir in unserem Wachstum stehen bleiben, denn die Liebe findet keine Ruhe.

f) Sechste Wohnung

Verglichen mit der Meditation der ersten fünf Wohnungen der inneren Burg nimmt die der letzten beiden größeren Raum ein. Dabei wird es der Autorin nicht gerade leichter bei dem, was sie ihren Schwestern zu sagen hat, je weiter sie in ihren Betrachtungen voranschreitet. Zu schildern sind nicht etwa Hochstimmungen und spirituelle Gipfelerleb-

nisse (peak experiences) oder das, was – nicht immer sachgemäß – als „mystische Phänomene" bezeichnet zu werden pflegt. So ist in der sechsten Wohnung gleich eingangs von großem Leid die Rede: Trübsal in Gestalt von Krankheit, Verleumdung, Verlassenwerden, verbunden mit der Empfindung, auch Gott in dieser Situation entbehren zu müssen. Daneben treten sodann jene Begleiterscheinungen auf, die mit Formen der Ekstase, eines Außersichseins, zu tun haben. Dazu kommen jene Visionen (visiones intellectuales), die bei Teresa oft von bildloser Gestalt sind, damit etwas von dem Mysterium Gottes transparent werden kann. Dabei ist es für Teresas Darstellung charakteristisch, mit welcher Nüchternheit und wie zurückgenommen sie davon spricht. Das geht so weit, dass sie manchmal vom Erleben einer anderen Person spricht, obwohl sie selbst die Betroffene ist, um die ihr möglicherweise zugewandte Aufmerksamkeit von sich abzulenken. Demut nennt sie diese ihre und für ihre Schwestern bedeutsame Tugend. Diese Lebenshaltung ist umso mehr angebracht, als Situationen der Täuschung nach wie vor in Erscheinung treten können.

1. Kapitel

Wir wollen nun mit Hilfe des Heiligen Geistes von der sechsten Wohnung sprechen. In ihr ist die Seele bereits von der Liebe des Bräutigams Christus verwundet. Sie sucht allein zu sein und ihrem Zustand gemäß, so gut sie nur kann, alles zu beseitigen, was sie von dieser Einsamkeit zurückhalten kann. Der Anblick ist der Seele so tief eingeprägt, dass ihr ganzes Verlangen dahin geht, ihn immer von Neuem zu genießen.

Ich habe schon gesagt, dass man bei diesem Gebet nichts sieht, was man als Sehen bezeichnen könnte, auch nicht mittels der Vorstellungskraft. Nur vergleichsweise nenne ich es „Anblick". Die Seele ist wohl schon fest entschlossen, keinen anderen Bräutigam zu nehmen. Allein dieser Bräutigam achtet nicht auf ihr großes Verlangen nach dem alsbaldigen Verlöbnis. Er will vielmehr, dass ihr Verlangen sich noch steigere und dass sie sich dieses größte aller Güter etwas kosten lasse. Und wiewohl aller Einsatz wenig ist, gemessen an dem sehr großen Gewinn, so sage ich euch, meine Töchter, dass Vorbild und Probe, die bereits bekannt sind, nicht aufhören notwendig zu sein, um das Geschehen ertragen zu können.

O Gott, steh mir bei! Was für eine innerliche und äußere Trübsal muss die Seele erdulden, bis sie in die siebte Wohnung eingeht! ... Auch legt der Herr einem oft schwere Krankheiten auf. ... Der äußerste Grad an Heftigkeit der Schmerzen hält zwar nicht lange an – denn Gott legt uns schließlich nicht mehr auf, als wir ertragen können, und seine Majestät schenkt uns zuerst die Geduld dazu –, doch andere schwere Qualen und Krankheiten vielerlei Art begleiten uns oft Tag für Tag ... Wenn wir von den innerlichen Leiden reden, müssen – falls es gelingt, sie auszudrücken – die anderen unwesentlich erscheinen ...

Es gibt in diesem Sturm keine andere Hilfe, als die Barmherzigkeit Gottes abzuwarten. Das kann ganz unerwartet geschehen durch ein einziges Wort oder durch einen andern zufälligen Anlass, der die Bedrängnis so schnell hinwegnimmt, dass es scheint, die Seele sei gar nicht verdunkelt gewesen, sondern voll Sonnenschein und Trost ...

O Jesus, welch einen Anblick bietet eine so verlassene Seele und wie wenig hilft ihr irgendein irdischer Trost! Glaubt deshalb nicht, meine Schwestern, wenn ihr euch einmal in dieser Verfassung erblickt, dass die Reichen und die über Freiheit Verfügenden dagegen eine bessere Hilfe hätten, nein, nein!

Was wird aber die arme Seele tun, wenn dieser Zustand der Bedrängnis viele Tage hindurch anhält? Wenn sie betet, ist es, als betete sie nicht. Zu ihrem Trost sage ich, dass sie sich etwa nicht auf das Innere einlassen solle. Sie versteht nicht einmal, was sie selber betet. Ja, sie versteht sich selber nicht, wenn sie auch laut betete. Denn zum innerlichen Beten schickt sich diese Zeit in keiner Weise, da ihr hierzu die Kräfte fehlen ... Es handelt sich hier um geistliche Bedrängnisse und Qualen, denen man keinen Namen zu geben weiß. Das beste Mittel, nicht um den Zustand los zu werden, sondern um ihn erträglich zu machen, ist, sich auf äußere Werke der dienenden Liebe zu verlegen und seine Hoffnung auf die Barmherzigkeit Gottes zu richten, die niemals denen sich entzieht, welche auf ihn hoffen ...

Ich dachte eben darüber nach, ob es wohl möglich wäre, dass von dem Feuer des glühenden Kohlenbeckens, das mein Gott ist, ein Funke abspringen und in die Seele fallen könnte, ohne dass man den dadurch verursachten Brand bemerkte. Und da es nicht genug war, um sie zu verbrennen, und zugleich eine solche Wonne erweckte, empfand sie jene Pein. Aus der Berührung mit jenem Feuer Gottes entsteht diese [paradox anmutende] Wirkung. Das scheint mir der treffende Vergleich zu sein, mit dem ich das auszudrücken vermag. Dieser wonnevolle Schmerz ist ja kein tatsächlicher Schmerz und besteht nicht fortwährend, obwohl er zuweilen lange anhält, während er andermals schnell vergeht, je nachdem der Herr sich der Seele mitteilen will ... Er wird uns abwechselnd genommen und wieder gegeben ...

Unser Herr pflegt auch noch auf manche andere Weise die Seele zu wecken. Unversehens, während sie mit dem Munde betet, ohne auf etwas Innerliches zu achten, ist es ihr, als flamme eine Wonne auf, als überwalle sie jählings ein starker Geruch, der durch alle Sinne sich ihr mitteilt. Übrigens: Ich sage nicht, es sei ein Geruch, sondern ich gebrauche das Wort nur als Vergleich!

Mit solchen und ähnlichen Erscheinungen will der Herr die Seele nur fühlen lassen, dass der Bräutigam zugegen ist. Er erregt in ihr eine so starke Sehnsucht, sich an seiner Seele zu erfreuen, dass sie bereit wird, große Taten für unseren Herrn zu vollbringen und ihn zu preisen ... Die Sehnsucht ist es, was die Seele am häufigsten fühlt. Auch hier gibt es meines Erachtens nichts zu fürchten. Vielmehr gilt es, darauf bedacht zu sein, diese Gnade in Dankbarkeit zu empfangen.

8. Kapitel

Wie bekannt, spielen Visionen im geistlichen Erleben Teresas eine zentrale Rolle. Dabei legt sie großen Wert auf eine klare Unterscheidung, ob es sich um eine imaginäre, also bildhafte Schau handelt, oder ob es so ist, dass sie zwar sagen muss: „Ich sah nichts", jedoch gleichzeitig mit großer Gewissheit die Gottesgegenwart und das, was sie dabei erfährt, bezeugen kann. Im 8. Kapitel kommt sie auf diese intellektuale Vision zu sprechen. Und wenn sie im Rahmen ihrer Schilderungen wiederholt von einer Person spricht, die sie kenne und von der sie Bestimmtes erfahren habe, so handelt es sich zweifellos um Teresa selbst. Zurückhaltend gibt sie die eine und die andere innere Begebenheit preis. Sie folgt damit dem Apostel Paulus, der ähnlich verfahren ist, als er einmal im 12. Kapitel des zweiten Korintherbriefs über seine eigene Entrücktheit und Geistesschau sprach, als habe es sich um einen andren Menschen gehandelt. Bevor sie also in ihrem 9. Kapitel zu imaginären Visionen übergeht, lässt sie die besagte „Person" auf jene Weise von der gegenstandsfreien Wahrnehmung sprechen, eine Wahrnehmung jenseits des sinnlich Wahrnehmbaren, jedoch erfüllt von einer klaren Gewissheit, die sie sich nicht streitig machen lässt.

Es begibt sich, dass die Seele, wenn sie ganz unbekümmert darüber ist, ob ihr eine solche Gnade zuteil werden könne – niemals habe sie daran gedacht, dieselbe zu verdienen – unsern Herrn Christus neben sich fühlt, obgleich sie ihn weder mit leiblichen Augen noch mit denen der Seele sieht. Dieses nennt man eine intellektuale Vision.

Nun kenne ich eine Person, welcher Gott diese Gnade neben anderen erwies. Sie war im Anfang sehr bekümmert, weil sie nicht begreifen konnte, was es war, da sie nichts sah, gleichwohl aber so gewiss erkannte, dass unser Herr Jesus Christus es sei, der sich auf diese Weise offenbarte, sodass sie nicht an seiner Anwesenheit zweifeln konnte. Sie war nur immer in Besorgnis darüber, ob jene Vision von Gott wäre oder nicht, obwohl sie große innere Fortschritte an sich wahrnahm. Vom Phänomen einer intellektualen Vision hatte sie bis dahin nie etwas vernommen.

Auch wusste sie nicht, dass diese so beschaffen sei. Sie sah aber sehr deutlich ein, wie derjenige, der mit ihr mehrmals in der erwähnten Art sprach, der Herr selbst sei. Bis er ihr auch diese Gnade erwies, wusste sie niemals, wer mit ihr eigentlich redete, obwohl sie die Worte verstand.

Ich weiß, wie sie von dieser Vision in Furcht geriet und sich voll Bekümmernis zu ihrem Beichtvater begab. Der fragte sie, wie sie, weil sie doch nichts sähe, überhaupt wissen könne, dass es unser Herr sei. Sie erwiderte, das wisse sie nicht; sie sähe kein Angesicht und könne auch nichts weiter sagen, als was sie bereits angeführt habe. Was sie aber wisse, bestehe darin, dass er es wäre, der mit ihr redete, und dass dies keine Täuschung sein könne. Wiewohl man ihr nun allerlei Besorgnisse einflüsterte, konnte sie doch nicht zweifeln, besonders wenn ihr gesagt wurde: „Fürchte dich nicht, denn ich bin es!" Diese Worte hatten eine solche Macht, dass sie alsdann nicht zweifeln konnte; und dass sie durch eine so gute Gesellschaft sehr gestärkt und fröhlich war. Sie nahm ja deutlich wahr, wie es sich für sie als eine so große Hilfe erwies, um Gott allezeit im Bewusstsein zu behalten. Es war zugleich ein wirksames Mittel, fortan nichts zu tun, was ihm missfallen könnte. Es kam ihr vor, als hätte er immer seine Blicke auf sie gerichtet.

Jedes Mal aber, wenn sie mit seiner Majestät im Gebet in Verbindung treten wollte – aber auch ohne dies –, hatte sie den Eindruck, der Herr sei ihr so nahe, dass sie nicht umhin konnte, ihn zu hören. Das Vernehmen der Worte stand jedoch nicht in ihrem Belieben, sondern das kam ganz unversehens, wenn immer es nötig war. Sie empfand, wie er ihr zur Rechten ging, allein ohne jene Empfindungen, die wir in uns wahrnehmen können, wenn eine Person sich neben uns befindet. Dieses Gefühl findet in einer anderen sehr zarten Weise statt, welche sich nicht beschreiben lässt. Es ist aber so gewiss, so unzweifelhaft und noch mehr! Kann man sich auch in anderem täuschen, so doch hierin gerade nicht. Denn sein Kommen hat großen Gewinn und große innere Wirkungen zur Folge. Derartige Wirkungen könnten nicht eintreten, wenn etwa eine melancholische Disposition vorläge ...

An dem Gewinn der Seele nimmt man wahr, wie sehr groß die Gnade ist. Man lernt den Herrn noch höher preisen und danken, der uns dieselbe so ganz ohne unser Verdienst gibt. Wir würden sie für keinen Schatz und keine Freude der Erde hingeben ...

Zweckmäßig ist es, wenn sie im Anfang die Sache einem kundigen und einsichtsvollen Mann beichtet, denn diese müssen uns Licht geben, oder einer andern sehr geistlichen Person Mitteilung macht ... Wenn derjenige, dem ihr euch mitteilt, eine zwar im Gebet geübte Person ist, die aber vom Herrn nicht auf diesen Weg geleitet wurde, so wird er bald erschrecken und eure Zustände verdammen. Deshalb empfehle ich euch die Wahl eines sehr kundigen und, falls er zu finden ist, eines geistlich Gesinnten.

9. Kapitel

Was imaginäre, das heißt durch Bildgehalte bestimmte Visionen anlangt, so gibt Teresa des Weiteren zu bedenken, dass sich hier die betrügerische Macht des Satans leichter einmischen könne. Kommen Schauungen dieser Art von Gott, was sich freilich von Fall zu Fall erst erweisen müss-

te, so gehe auch von ihnen eine, eventuell noch größere, Förderung aus, zumal sie „unserem Naturell“[46] *gemäßer seien. Unverzichtbar bleibt jeweils die Vergewisserung des Wahrheits- und Wirklichkeitsgehalts einer übersinnlichen Wahrnehmung. – Teresa bedient sich hierbei eines weiteren Vergleichs, indem sie von einem kostbaren, mit wertvollen Wirkungsmöglichkeiten ausgestatteten Stein spricht, der in einem verschlossenen Schatzbehälter aufbewahrt wird. Die Art und Weise des Öffnens kenne nur der Inhaber des Kleinods. Nun könne sich das Kästchen hin und wieder plötzlich öffnen, um dabei Gutes zu bewirken. Ein außerordentliches, aus dem Gedächtnis nicht zu löschendes Erlebnis der Freude werde durch eine solche unerwartete Öffnung ausgelöst.*

In gleicher Weise geht es hier zu. Gefällt es dem Herrn, eine solche Seele höher zu erfreuen, so zeigt er ihr ganz deutlich seine heiligste Menschheit in der Art, welche ihm beliebt, entweder wie er in der Welt einherging oder nachdem er auferstanden war. Obgleich die Erscheinung mit einer solchen Geschwindigkeit erfolgt, dass wir dieselbe dem Zucken des Blitzes vergleichen könnten, so bleibt einem dieses herrliche Bild der Imagination so eingeprägt, dass ich es für unmöglich halte, dasselbe von dort zu entfernen, bis die Seele ihn selber dort zu sehen bekommt, wo sie sich seiner immerwährend erfreuen kann. Ich sage freilich „Bild“; man muss aber nicht glauben, dass es demjenigen, der es erblickt, als ein Gemälde erscheint, sondern

---

46 Teresa denkt hierbei wohl an die spezifischen weiblichen Seelenmöglichkeiten.

wahrhaft lebend. Zuweilen redet die Erscheinung auch mit der Seele und zeigt derselben noch große Geheimnisse ...

Würde die Schauung mit dem äußeren Sinn vollbracht, so wüsste ich darüber nichts auszusagen. Die erwähnte Person, von der ich genauere Auskunft geben kann, hatte das Geschaute nicht auf diese Weise wahrgenommen; und was man nicht selbst erfahren hat, darüber kann man wohl keine zuverlässige Rechenschaft geben. Jener Glanz gleicht einem eingegossenen Licht, wie von einer Sonne, mit einem feinen Wesen überzogen, etwa einem Diamanten ähnlich, wenn er dergestalt bearbeitet werden könnte. Wie überaus feines Leinen erscheint sein Kleid. Und fast jedes Mal, wenn Gott der Seele diese Gnade erweist, ist sie wie verzückt; denn ihre Niedrigkeit vermag einen so erstaunlichen Anblick nicht zu ertragen. Ich sage „erstaunlich", denn er ist der schönste und köstlichste Anblick, den man sich überhaupt vorstellen kann ...

O Herr, wie wenig kennen wir Christen dich! Wie wird es an jenem Tage sein, wenn du kommst, um uns zu richten! Wenn du hierher kommst, um so in Freundschaft dich mit deiner Braut zu verbinden! Deshalb flößt dein Anblick Furcht ein ... Ich meine, mein Herz kann diese Vorstellung nicht ertragen. So ist es mir mein ganzes Leben lang gewesen. Wie muss ihn die Person fürchten, der er sich auf diese Weise dargestellt hat, da die Empfindung so mächtig ist, dass sie ohne Empfindung bleibt? Das muss auch der Grund sein, weshalb die Seele entrückt erscheint. Der Herr hilft auf diese Weise ihrer Schwachheit auf, um die erhöhte Vereinigung mit seiner Größe zu bewirken.

10. Kapitel

Auf vielfache Weise teilt Gott der Seele sich durch diese Erscheinungen mit. Einige erfolgen, wenn sie betrübt ist; andere, wenn ihr eine große Trübsal bevorsteht; noch andere, weil seine Majestät sich mit und an ihr erfreuen will. Es ist kein Grund vorhanden, sie noch näher zu beschreiben, denn die Absicht geht nur dahin, einen jeden der Unterschiede verständlich zu machen, welche es – soweit ich einsehen konnte – auf diesem Weg gibt, damit ihr, meine Schwestern, die Sache selbst und deren Wirkungen erkennt. Wir sollten uns nicht in den Kopf setzen, jede Einbildung sei eine Vision, damit, wenn es sich wirklich um eine solche handelt, ihr nicht verwirrt oder betrübt werdet ...

Einst stellte ich eine Betrachtung darüber an, aus welchem Grund unser Herr ein solcher Freund der Tugend der Demut wohl sein möge; und es wurde mir alsbald ganz ohne Nachsinnen, sondern auf der Stelle klar, worin der Grund besteht, dass Gott die höchste Wahrheit ist und die Demut darin besteht, dass man in der Wahrheit wandelt. Es ist aber eine große Wahrheit, wenn man sich für nichts Gutes, sondern für das Elend, ja für das Nichts hält. Wer dies nicht erkennt, wandelt in der Lüge.

Je mehr man dies einsieht, desto angenehmer ist man der höchsten Wahrheit, sobald man in derselben wandelt. Möge es Gott gefallen, meine Schwestern, uns die Gnade zu erweisen, nie dieser Selbsterkenntnis verlustig zu gehen. Diese Gnade erweist unser Herr der Seele, weil er ihr als seiner wahrhaften Braut einige Kenntnis davon geben will, wie er sie zu behandeln und ihr von seiner Größe zu schenken gedenkt. Diese beiden Dinge habe ich besprochen, weil sie mir von großem Nutzen erschienen sind.

g) Die siebte Wohnung

Auf der letzten Station, bei der siebten und innersten Wohnung der Seelenburg angekommen, geht es darum, in der Art eines kontemplativen und damit bildlosen Inneseins ein gerade noch menschengemäßes Höchstmaß der Begegnung mit der Gottheit zu empfangen. Die bisher erwähnten paranormalen und ekstatischen Phänomene treten jedoch zurück. Die Augen der Seele blicken nach dem vorangegangenen „Verlöbnis“ nun auf die „Vermählung“ mit Christus, die sich jeder Beschreibung entzieht. Doch als dieses hohe Ziel auf dem Weg zu Gott ist es dennoch in den mystischen Dokumenten der Menschheit unzählige Male angedeutet, bezeugt und besungen worden; in der Hebräischen Bibel etwa im Hohen Lied Salomonis, in der Offenbarung des Neuen Testaments in Gestalt der Hochzeit des Lammes (Offb 19,7). Vielfältige Bezeugungen durchaus unterschiedlicher Erfahrungen kennt die Heilige Hochzeit, deren Symbolik sich bis zu den Dimensionen der menschlichen Reifung erstreckt.[47] *Hierzu bemerkt Erika Lorenz: „Der in diese siebte Wohnung eingegangene Mensch hat von nun an in ständiger und ungeschmälerter Weise Anteil am Leben und Lieben der Gottheit. Trinität ist nur ein anderer Ausdruck für Liebe ... Teresa ist vorsichtig: subjektiv hat sie das Gefühl, diese Vereinigung sei so dauerhaft und unlöslich wie die einer Ehe. Objektiv weiß*

47 Gerhard Wehr: Heilige Hochzeit. Symbol und Erfahrung menschlicher Reifung (1986). Edition Pleroma. Frankfurt 2009.

sie, dass nach der Lehre ihrer Kirche der Mensch niemals seines Heils absolut gewiss sein darf, und sie spricht darum von der Erfahrung, dass sie aus der ‚Unio mystica' noch hin und wieder herausfalle. Auch ist die mit Gott geeinte Seele immer noch die des Erdenlebens ... "[48]

1. Kapitel

Wenn es seiner Majestät gefällt, der Seele die Gnade dieser geistigen Vermählung zu gewähren, führt er sie zuerst in seine Wohnung. Es ist aber sein Wille, dass es hier anders sei als sonst, wenn er sie in diese Verzückungen versetzte. Ich bin aber sicher, dass er sie auch dort mit sich vereinigt, wie schon im Gebet der Vereinigung, obgleich die Seele da nicht glaubt, zum Eintreten in ihre Mitte berufen zu werden, wie in dieser Wohnung, sondern nur in ihren oberen Teilen berührt wird. Darauf kommt es wenig an. Auf irgendeine Weise vereinigt der Herr sie mit sich. Doch er lässt sie dabei, wie den Apostel Paulus bei seiner Bekehrung, blind und stumm sein, damit sie nicht mit den Sinnen wahrnehmen kann, wie und woher sie diese ihr zuteil werdende Gnade empfängt. Denn die große Freude, welche die Seele dann empfindet, entsteht aus dem Bewusstsein ihrer Gottesnähe. Wenn er sie aber mit sich vereinigt, begreift sie gar nichts mehr, weil sie alle ihre Fähigkeiten verloren hat.

Hier verhält es sich aber anders. Unser gütiger Gott will jetzt die Schuppen von den Augen der Seele entfernen, damit sie etwas von der Gnade, die er ihr erweist, sehen

48 Erika Lorenz: Teresa von Avila. S. 52 f.

und begreifen möge, wenn er es auch auf befremdliche Weise tut. Sie wird vermittels einer geistigen Vision und einer besonderen Darstellung der Wahrheit, in welcher die allerheiligste Dreifaltigkeit sich ihr in allen drei Personen offenbart, in diese Wohnung geführt. Zu allererst entflammt sich der Geist und wird gleichsam durch eine Wolke von größter Helligkeit erleuchtet ...

O Gott, steh mir bei! Wie anders ist es, diese Worte zu hören und zu glauben, als auf diese Weise zu erkennen, wie wahr sie sind! Täglich wird diese Seele in größeres Staunen versetzt, denn sie fühlt, dass jene Worte sie nie verlassen haben, und nimmt in der schon beschriebenen Weise deutlich wahr, dass sie ihrer Seele, der Tiefe ihres verborgensten Wesens, innewohnen. Da sie nicht gelehrt[49] ist, kann diese Person nicht erklären, wie das geschieht, doch sie fühlt in sich die Gegenwart dieser göttlichen Gefährten ...

Die Wahrnehmung dieser Gegenwart ist nicht immer so vollständig wie das erste Mal – ich meine, so klar – oder wie bei bestimmten anderen Gelegenheiten, wenn es Gott gefällt, der Seele diesen Trost zu gewähren. Es wäre sonst dieser Seele unmöglich, an irgendetwas anderes zu denken, oder auch nur in dieser Welt zu leben.

Wenn sie auch keine andere so klare Erkenntnis besitzt, ist sie sich doch stets der Gegenwart dieser Gefährten bewusst. Man könnte sie mit einer Person vergleichen, die

49 Auch wenn Teresa in zutreffender Weise darauf hinweist, keine theologische Bildung zu besitzen, so ist sie sich doch bewusst, dass ihre Erfahrung weder durch akademische Studien noch durch die priesterliche Weihe ersetzt werden kann. Ein Beichtvater mag beispielsweise skeptisch fragen, was sie bezüglich der Herkunft ihrer Visionen so sicher macht, dass es Christus sei. Aber dem stellt Teresa die Gewissheit und die Wirkung gegenüber, der sie teilhaft geworden ist.

sich mit anderen Menschen in einem sehr hellen Zimmer befindet. Und plötzlich werden die Fensterläden geschlossen, und es ist ganz dunkel. Das Licht, das die anderen sichtbar machte, ist verschwunden. Bis es wiederkehrt, kann sie dieselben unmöglich sehen. Aber trotzdem behält sie das Bewusstsein von deren Gegenwart. Es fragt sich nur, ob sie imstande sein wird, sie nach der Rückkehr des Lichtes zu sehen, wenn sie wieder zu ihnen hinblickt. Das steht nicht in ihrer Macht, hängt vielmehr davon ab, wann es der Wille unseres Herrn sein wird, dass die Fensterläden des Verstandes geöffnet werden. Schon dadurch erzeigt er der Seele eine überaus große Barmherzigkeit, dass er sie nie verlässt, und es sein Wille ist, dass sie es genau wahrnimmt ...

Wie ich schon sagte, ist es möglich, innere Vorgänge zu beobachten, sodass wir einen gewissen Unterschied zwischen Seele und Geist erkennen können, und sogar einen sehr deutlichen, obgleich beide eins sind. Es kann eine sehr feine Trennungslinie zwischen ihnen wahrgenommen werden, die zuweilen den Anschein erweckt, als sei die Wirksamkeit des einen so verschieden von derjenigen des anderen, wie es die entsprechenden Freuden sind, die der Herr ihnen gewährt. Es gibt im Innenleben so viele und subtile Dinge, dass es von mir vermessen wäre, sie beschreiben zu wollen. Wir werden aber alles im Jenseits schauen, wenn der Herr in seiner Barmherzigkeit uns die Gnade erweist, uns zu jener Stätte zu führen, wo diese Geheimnisse uns offenbar werden.

2. Kapitel

Beim Versuch, auf den Unterschied dessen einzugehen, was das geistliche Verlöbnis von dem mystischen Geschehen der Vermählung jeweils ausmacht, muss Teresa einräumen, dass die Anwendung der jeweiligen Metapher differiert, weil das Erlebte naturgemäß von der seelischen Verfasstheit, ferner nicht weniger von der religiösen Sozialisation und Umwelt der Betroffenen abhängt. Dennoch versucht sie bei aller Behutsamkeit und Vorläufigkeit einige Andeutungen dessen zu machen, was und wie es ihr begegnet ist. Das Mitgeteilte wird sodann nochmals von der Rezipierbarkeit der Wortlaute durch den Leser gefiltert. So fragt es sich unter anderem, inwiefern von einer Konformität (conformitas) oder Kongenialität gesprochen werden kann, die sich zwischen dem Mitteilenden und dem Empfangenden aufbaut, sofern eine derartige Konstellation zustande kommt. So fragt es sich ferner, was beim jeweiligen Gegenüber „ankommt" und wie es dort gegebenenfalls wirkt.

Darin unterscheidet sich die mystische Vermählung von der geistlichen Verlobung: Die geistliche Verlobung besteht in einem Wechsel von Vereinigungen und Trennungen; in der mystischen Vermählung dagegen bleiben Gott und die Seele immer im tiefsten Zentrum geeint.

Es könnte scheinen, als wolle ich hiermit sagen, die Seele sei sich ihres Heils mit dieser Gottesgnade bereits gewiss und könne nicht mehr fallen. Ich sage nichts dergleichen. Wenn ich Aussagen mache, die so klingen, als befände sich die Seele in absoluter Sicherheit, so meine ich damit nur, solange seine Majestät sie in seiner Hand hält und sie ihn nicht beleidigt. Ich weiß bestimmt, dass auch nach vielen Jahren die Seele sich nicht in Sicherheit wiegt, sondern dass vielmehr die Frucht in ihr wächst, Gott eine, wenn auch noch so geringfügige Kränkung zufügen zu können. Auch ist ihr Wunsch, ihm zu dienen, so ungestüm, dass sie ständig darunter leidet, so wenig für ihn tun zu können in Anbetracht dessen, was sie für ihn tun möchte und sollte. Das ist kein kleines Kreuz, sondern harte Buße.

Man glaube nicht, dass in der Unio mystica die Seelenkräfte und Sinne und Leidenschaften immer in Frieden bleiben. Für das Zentrum der Seele selbst gilt das ja. Es ist aber schwer, von diesem Zentrum unserer Seele oder unseres Geistes zu sprechen. Und ihr könntet versucht sein, meine Schwestern, mir nicht zu glauben, denn ich scheine mir ja zu widersprechen, indem ich sage, dass man in diesem Zentrum oder dieser mystischen Vermählung einerseits Mühen und Leiden hat und andererseits die Seele ganz in ihrem Frieden verbleibt.

Unter der „unio mystica" versteht Teresa das Einswerden des Menschen mit dem Willen Gottes. Diese offensichtlich von ihr hin und wieder selbst erfahrene Vereinigung ist es, die sie ihren Schwestern ebenfalls wünscht, und zwar im Kontrast zu diffusen, geistlich verbrämten Überschwänglichkeiten, wie sie – nicht nur – zu Teresas Zeiten in Gestalt spiritualistischer Bewegungen wie den bereits erwähnten Alumbrados oder Illuminados im Umlauf waren. Deshalb sieht Teresa darauf, einerseits für den Wirklichkeitsgehalt ihrer übersinnlichen Wahrnehmungen einzustehen, jedoch ohne andererseits – wie es bisweilen durch die Inquisition versucht wurde – als Schwärmerin hingestellt werden zu können, die die Bodenhaftung der Nüchternheit zu verlieren drohe. In dem Bemühen um Klarheit meint sie nicht allein auf sich gestellt zu sein. Sie empfindet sich in ihrem Erleben vielmehr durch den Beistand Christi abgesichert:

Ich denke, dass der Herr uns mit dieser Fürsorge umgibt, sobald wir zum Gebet der Vereinigung gelangen, falls wir nicht selber achtlos werden gegenüber seinen Geboten. Erlebt ihr nun das, so denkt daran, ihr Schwestern, dass es von dieser inneren Wohnung ausgeht, wo Gott in unserer Seele weilt, und lobt ihn von Herzen, denn es ist gewiss: Von ihm stammt diese Aufforderung, im Bild gesprochen ist es dieses Brieflein, das mit so viel Liebe geschrieben ist, und zwar so, dass nur ihr seine Schrift lesen könnt und versteht, worum er euch bittet.

Und ihr dürft es unter keinen Umständen versäumen, seiner Majestät zu antworten, auch wenn ihr gerade äußerlich beschäftigt seid oder mit anderen redet; denn es wird des Öfteren vorkommen, dass unser Herr euch diese verborgene Gnade erweisen will, während ihr in der Öffentlichkeit weilt. Doch da man innerlich antworten muss, fällt es nicht schwer. Man tut einen Liebesdienst oder sagt die Worte des Apostels Paulus: „Was willst du, Herr, das ich tun soll?“ Auf vielerlei Weise wird er euch dann lehren, womit ihr ihm einen Gefallen erweisen könnt. Es ist die rechte Zeit, denn es scheint, dass er uns da erhört. Und fast immer wird diese seine Berührung die Seele so bereit machen, dass er den Auftrag des Herrn mit entschlossenem Willen erfüllen kann.

So wie die Autorin die vorausgegangenen Wohnungen der Seelenburg nach Wesen und Besonderheit zu beschreiben versuchte, setzt Teresa nun ihre Charakteristik des bis hierher gegangenen Seelenwegs fort, damit die dabei sich ergebenden Unterschiede sichtbar werden. Sie will beispielsweise zeigen, dass Ruhe und Stille als gottgegebenes Geschenk dort eintreten, wo zuvor das Tätigsein dominierte. Als Gleichnisbild zieht Teresa den Bau des Salomonischen Tempels heran, von dem sie sich eine ideelle Vorstellung bildet, als ob ein derartiges Bauwerk, wie sie sagt, „in tiefster Stille" errichtet worden wäre. Aber ihr Blick richtet sich ja eben nicht auf den realen, einst unter König Salomo errichteten, von etwaigen Turbulenzen begleiteten Tempelbau, sondern allein auf den Tempel der Seele und den ihr zugedachten spirituellen Aspekt.

Was den Aufenthalten in dieser siebten Wohnung von dem Leben in den anderen unterscheidet, ist also, wie gesagt: dass es hier fast nie eine Dürre oder innere Aufregungen gibt, wie sie in allen anderen zuweilen auftraten, sondern dass die Seele in diesem Bereich so gut wie immer in Ruhe lebt; dass sie nicht fürchtet, der Satan könnte diese erhabene Gnade nur vorgaukeln, sondern dass sie ständig in der Gewissheit lebt, dass es Gott ist. Denn – wie gesagt – die Sinne oder Seelenkräfte haben hier nichts wahrzunehmen. Seine göttliche Majestät offenbarte sich der Seele und hält sie nun bei sich. Hierher wird der Satan nicht einzudringen wagen. Auch wird der Herr sie nicht verlassen. Alle Gnaden, welche er hier der Seele erweist, erfolgen ohne alles andere Zutun, ohne das Zutun der Seele selbst, vorausgesetzt, dass sie sich Gott ganz anvertraut hat.

Alles, worin der Herr hier die Seele fördert und unterweist, geht mit solcher Ruhe und so geräuschlos vor sich, dass es mir vorkommt, es geschehe wie bei der Erbauung des Tempels Salomonis, bei der man keinerlei Geräusch hören durfte. So genießen in dem Tempel Gottes, also in dieser seiner Wohnung, allein er und die Seele einander in tiefster Stille. Es ist gar kein Anlass zu seelischen Aufwallungen, noch hat der Verstand hier etwas zu suchen. Denn der Herr, der den Verstand schuf, will ihm hier Ruhe verschaffen. Er soll gleichsam nur durch eine kleine Bewusstseinsöffnung sehen, was gerade vorgeht. Meines Erachtens verlieren sich diese Fähigkeiten hier nicht; sie sind jedoch untätig und gleichsam vor lauter Staunen erstarrt.

Ich selbst bin erstaunt, dass bei einer Seele, die bis hierher gelangt ist, die Entrückungen, abgesehen von wenigen Fällen, aufhören. Es handelt sich um keine Geistesflüge mehr. Auch tragen sie nicht mehr wie einst zur Andacht bei. Die Entrückungen erfolgen nun sehr selten, und zwar nie mehr wie zuvor öffentlich ...

Ihr Schwestern, ich kenne die Ursache hierfür nicht; denn wenn der Herr anfängt, das zu zeigen, was sich in dieser Wohnung begibt, und die Seele dahinein führt, wird ihr jene große Schwäche abgenommen, die ihr einst großen Kummer bereitete ... Die Ratschlüsse seiner Majestät gehen über all unsere Vorstellungen. Diese Wirkungen neben allen schon genannten Stadien des Gebets gewährt Gott, wenn er die Seele zu sich führt, zusammen mit jenem Kuss, den die Braut erwartet hat. Ich meine, ihre sehnliche Bitte geht jetzt in Erfüllung ...

O Jesus! Wer möchte imstande sein, die vielen Stellen der Schrift anzuführen, die es geben mag, um diesen Frieden der Seele begreiflich zu machen! Mein Gott, da du siehst, wie wichtig dies für uns ist, so lass geschehen, dass die Christen diesen Frieden suchen. Und nimm ihn nicht wieder, wem du den Frieden gegeben hast, und sie nimmer in Furcht leben müssen ...

Um ihre Schwestern angesichts der siebten Wohnung keinen übersteigerten Erwartungen auszusetzen, weist Teresa darauf hin, dass realistischerweise auch der in der Verbindung mit Gott stehende Mensch zu Lebzeiten nicht etwa gegen Verfehlungen aller Art abgesichert sei, zum Beispiel gemäß 1 Joh 3,2: „Es ist noch nicht erschienen, was wir sein werden. Wir wissen aber, wenn es erscheinen wird, dass wir ihm – dem Christus – gleich sein werden." Auch für Menschen, die zwar tiefe innere Erfahrungen gemacht haben und im Sinne ihres Buches bis zum Zentrum der spirituellen Seelenburg gelangt sind, gilt somit das Gebot der Nüchternheit, um keiner Selbstüberschätzung oder gefährlichen Schwärmerei anheimzufallen.

4. Kapitel

Ihr sollt nicht annehmen, meine Schwestern, dass die genannten Wirkungen in der Seele ununterbrochen andauern ... Ebenso wenig dürft ihr denken, dass die von einem so starken Wunsch erfüllten Seelen um nichts auf der Erde eine Unvollkommenheit begehen, sich also keine Fehler oder Sünden zu schulden kommen lassen. Absichtlich geschieht das nicht; denn der Herr wird solchen Seelen eine Hilfe gegen derlei Versuchungen senden ... Und dabei will der Herr, dass die Seele ihr eigenes Wesen nicht vergisst und darum stets demütig bleibt ...

Immer haben wir gesehen, dass diejenigen, welche Christus unserm Herrn am nächsten waren, auch die größten Mühsale zu erdulden hatten ...

Ich wünschte, meine Schwestern, dass wir uns bemühten, es auch dahin zu bringen, nicht um Freuden zu haben, sondern um Erlangung der zum Dienst für Gott erforderlichen Kraft zu bitten. Darauf sollen unsere Gebete gerichtet sein. Wir sollen nicht auf einem nicht betretenen Weg gehen wollen, sodass wir uns letztlich verlieren. Es wäre auch sehr seltsam, wenn wir meinen wollten, die Gnaden von Gott auf einem andern Weg zu erhalten als auf dem, den er selbst und den alle Heiligen gegangen sind. Daran sollten wir gar nicht denken.

Gegen Ende ihrer Betrachtung der siebten Wohnung kommt Teresa bedeutsamerweise auf Maria und Marta zu sprechen. Es ist jenes Schwesternpaar, das unter anderem im 10. Kapitel im Lukasevangelium besprochen wird: die zu Jesu Füßen sitzende, seiner Rede lauschende meditative Maria und die ganz ihren hausfraulichen Obliegenheiten hingegebene Marta, der Jesus sagt: Maria hat das gute Teil erwählt, das nicht von ihr genommen werden soll. – Diese so positive Einschätzung der marianischen Gesinnung durch Jesus wird dem Evangelienbericht gemäß meist buchstäblich rezipiert, buchstäblich gedeutet, als solle man die geistliche Haltung und die alltägliche praktische Tätigkeit, Aktion und Meditation, gegeneinander ausspielen. Eine bemerkenswerte Deutung findet sich allerdings in den

Predigten Meister Eckharts.[50] *Nicht weniger bemerkenswert ist somit auch die Stellungnahme der kontemplativen Karmelitin, die ihren Schwestern einprägte: „Werke will der Herr!" Das heißt doch: Auch und gerade wer im innersten Seelenbezirk angekommen ist und die Gottesnähe erfährt, soll nicht meinen, unter Berufung auf die von Jesus gerühmte Seelenhaltung der Maria erübrige sich der diakonisch-karitative Dienst, die Nächstenliebe in ihrer Vielgestalt. Das Gegenteil trifft zu. Meister Eckhart hob das am angegebenen Ort mit Nachdruck hervor! Deshalb Teresas Plädoyer für die Zusammengehörigkeit von Maria und Marta:*

Glaubt mir, Schwestern, Marta und Maria werden zusammen gehen, um den Herrn zu bewirten und ihn [gleichzeitig] bei sich zu haben, sonst wird er schlecht bewirtet sein und keine Speisung bekommen. Wie hätte Maria ihm die geben können, die immer zu Jesu Füßen saß, wenn ihre Schwester ihr nicht geholfen hätte! Seine Speise aber besteht darin, dass wir auf alle nur mögliche Weise ihm Seelen zuführen, damit sie errettet werden ...

Zum Schluss, meine Schwestern, fasse ich das Besprochene mit einer Aufforderung zusammen, dass wir keine Türme bauen, denen die Fundamente fehlen; denn der Herr sieht nicht auf die Größe der jeweiligen Werke, sondern auf die Liebe, mit der sie vollbracht werden. Und wenn wir tun, was in unserer Kraft steht, wird seine Majestät bewirken, dass wir von Tag zu Tag mehr auszurichten imstande seien, statt der Ermattung zu verfallen. Die kurze

50 Meister Eckhart. Texte und Kommentar von Gerhard Wehr. Wiesbaden 2010 . S. 58 ff.; 63 ff.

Spanne des Lebens, welche vielleicht noch kürzer ist als wir meinen, wollen wir innerlich wie äußerlich dem Herrn als das Opfer darbringen, dessen wir fähig sind; denn seine Majestät wird es mit dem verbinden, das er für uns am Kreuz seinem Vater dargebracht hat, damit es den Wert erhalte, den unser Wille verdient hat, auch wenn unsere Werke gering sein sollten.

Möge es seiner Majestät gefallen, meine Schwestern und Töchter, dass wir uns alle einst da erblicken, wo wir ihn immerdar loben werden. Mir aber erweise er die Gnade, dass ich mit dem, was ich euch sage, um der Verdienste seines Sohnes willen, der lebt und immerdar regiert, etwas auszurichten vermöge. Amen.

Ja, ich versichere euch, meine Verwirrung ist sehr groß, und so bitte ich euch um des Herrn selber willen, dass ihr in euren Gebeten mich arme Sünderin nicht vergessen wollet. Amen.

Ihr Nachwort, mit dem Teresa am Tag vor Sankt Andreas 1577 im Kloster San José zu Avila ihr Buch von der Seelenburg abschließt, verbindet sie mit einem Geständnis und – an die Adresse ihrer Beichtväter und Oberen – mit einer Versicherung ihrer Kirchentreue:

Obgleich ich anfangs mit einigem Widerstreben diese Niederschrift begonnen habe, so hat es mir doch, da ich jetzt zum Ende gekommen bin, viel Freude gemacht. Ich halte die Mühe durchaus für angemessen. Doch muss ich einräumen, dass diese Mühe gar nicht so groß gewesen ist. Betrachte ich die strenge Abgeschlossenheit im Kloster und das Wenige, das euch zum Leben zur Verfügung steht, liebe Schwestern, so meine ich, es werde diese Seelenburg euch einigen Trost gewähren. Ihr könnt ja ohne besondere Erlaubnis eurer Oberen zu jeder Zeit eintreten und euch zu jeder Stunde darin vergnügen.

Es stimmt, ihr könnt nicht in alle Wohnungen mittels eurer eigenen Kräfte eintreten, wenn ihr euch auch für noch so stark haltet, es sei denn, der Herr der Burg lässt euch ein. Deshalb rate ich, keine Gewalt anzuwenden, falls ihr irgendeinen Widerstand verspüren solltet; denn ihn, den Herrn, könnte dergleichen nur abgeneigt machen, euch den Eintritt zu gestatten. Er ist ein großer Freund der Demut ...

Solltet ihr etwas Gutes in dieser Abhandlung finden, wovon ihr Kenntnis nehmen möchtet, so glaubt nur wahrhaft, dass seine Majestät es euch hat sagen lassen, um euch genüge zu tun. Was ihr dagegen schlecht ausgedrückt findet, das kommt nur von mir. Bei dem großen Verlangen, das ich habe, auch nur einen Teil dazu beitragen zu können, dass ihr diesem meinem Gott und Herrn dient, so bitte ich euch, dass ihr, so oft ihr darin lest, in meinem Namen seine Majestät hoch preist und ihn um Wachstum seiner Kirche und Licht für die Lutheraner[51] bittet; in Bezug auf mich aber, dass er mir meine Sünden vergebe und mich aus dem Fegfeuer erlöse. Da werde ich mich vielleicht infolge der Barmherzigkeit Gottes befinden, wenn auch das Vorliegende zu lesen gegeben wird und – sofern es überhaupt die

51 Teresa dürfte kaum über Ansatz und Werk ihres älteren Zeitgenossen Martin Luther informiert gewesen sein. Ihre Fürbitte um Erleuchtung für „die Lutheraner“ wird sich auf die Protestanten im Allgemeinen beziehen. Bezüglich der ökumenischen Gemeinsamkeiten zwischen Ignatius, Teresa und Luther vgl. Anmerkung 19.

Prüfung der Sachkenner bestanden hat – euch zu Gesicht kommt.

Wenn ein Irrtum unterlaufen sein sollte, so wird er eine Folge meines ungenügenden Verständnisses sein. In allem unterwerfe ich mich dem, was die katholische römische Kirche annimmt; denn in dieser Kirche lebe ich und beteure und verspreche ich zu leben und zu sterben.

Gott, unser Herr, sei immerdar gelobt und gepriesen. Amen.

4. Epilog

Aus den häufigen, den Texten eingeschobenen Anreden „Ihr Schwestern" oder „meine Töchter" geht hervor, dass sich Teresa, wiewohl von ihren Beichtvätern beauftragt, in erster Linie an die Mitglieder des Karmeliterordens wandte. Sie hat also diejenigen Menschen konkret vor Augen, die gleich ihr selbst den Weg der Christusnachfolge gehen und hier die Stationen der Seelenburg zu durchschreiten versuchen. Doch das ist nur die eine Seite ihres Auftrags und ihrer Bedeutung.

Durch Heiligsprechung, durch Ernennung zur Patronin Spaniens und zur Lehrerin ihrer Kirche und nicht zuletzt als erste profilierte spanische Schriftstellerin christlicher Spiritualität erlangte Teresa von Avila übernationale, ja allgemein menschliche Bedeutung. Dass sie als Mensch des 16. Jahrhunderts in nicht unerheblicher Distanz zur Gegenwart steht, bedarf keiner besonderen Hervorhebung. Oder um an die oben zitierten Erwägungen des Jesuiten

Josef Sudbrack (1925 – 2010) nochmals anzuknüpfen, die zu mancher Abwandlung anregen können: „Ihr standen damals noch nicht die theologischen Begriffe und die sozialen Bedingungen zur Verfügung, um diese Einheit von Innerlichkeit und Apostolat (Sendung an die Welt), dieses Apostolat der Innerlichkeit, voll zu verwirklichen. Ihr als Frau war damals noch nicht das Recht gegeben, das soziale Engagement zu leben Aber vielleicht war es gerade der letztere Umstand, der Teresa zwang, so tief und – in der Richtung, nicht in jeder Formulierung – so richtig die Rolle des kontemplativen Lebens in der Kirche [und gegebenenfalls weit darüber hinaus; G.W.] anzuzeigen.“

Daran lassen sich Überlegungen anschließen, wie sie sich bei der Lektüre ihrer Schriften ergeben mögen, etwa: „Jede Zeit muss neu überlegen, wie dieses evangelische Anliegen der Teresa zu verwirklichen ist. Was das konkret bedeutet, ein Leben des Betens zu führen, das einerseits ohne räumliche und zeitliche Sammlung und Abgeschlossenheit nicht möglich ist und andererseits zur gleichen Zeit den apostolischen Auftrag des Zeugnisgebens verwirklicht, kann nicht die Aufgabe einer literarischen Beschäftigung mit Teresa, sondern nur die eines Lebens als Karmelit und Karmelitin sein. Doch aus der literarischen Beschäftigung mit Teresa drängt eine Einsicht sich unabweislich auf: Nur wo beide Säulen ihres Lebens zum Tragen kommen, Innerlichkeit und Zeugnisgeben von der Innerlichkeit, ist ihr Erbe voll bewahrt und bruchlos in unsere Zeit hineingetragen. Denn das wollte sie: innerliches Gebet und Umgang mit Gott in der Tiefe leben.“[52]

---

52 Josef Sudbrack: Erfahrung einer Liebe. Teresa von Avilas Mystik als Begegnung mit Gott. Freiburg 1979, S. 134 f.

III. Stimmen und Zeugnisse zu Teresa von Avila

Walter Nigg 1946

Den Höhepunkt der spanischen Mystik stellt Teresa von Avila dar, eine der größten Frauen der Weltgeschichte. Es ist nicht leicht, über Teresa zu schreiben, und von denen, die es versuchten, war es wenigen beschieden, dies in ihrem Geiste zu tun. Was man auch sagen mag, es reicht alles nicht an sie heran, denn es gibt kaum einen Vergleich, den sie nicht aushält ... An Teresa darf nicht das Normalmaß gelegt werden. Sie ist ein Phänomen, wie es nicht in jedem Jahrhundert vorkommt.

Otger Steggink 1976

Schon eine nur oberflächliche Kenntnis des Lebens und der Werke Teresas von Jesus zeigt, dass wir in ihr eine dynamische Persönlichkeit vor uns haben, eine unternehmende, anziehende, intelligente Frau voll Feingefühl, eine Frau mit einem feurigen Herzen und einem extrovertierten Temperament.

Fritz Vogelsang 1979

Teresas Werk ist das Wasser, das aus dem Fels geschlagen wurde. Die Erfahrung des Unsagbaren ist darin literarische Kunst geworden. Unterm Zwang des Gehorsams beschrieb sie den Weg letzter Freiheit. Die Ruhe, die sie erstrebte, wurde zur Mitte historischer Bewegung ... Sich selber zu erkennen ist für Teresa, die sich alle weltliche Ehre versagt hat, eine Frage der menschlichen Würde.

Josef Sudbrack 1979

Sich mit der Kirchenlehrerin aus Avila beschäftigen, mit ihrer Glut und ihrer Klarheit, bedeutet, sich auf eine Entdeckungsreise zu begeben; auf eine Entdeckungsreise in das Leben und die Erfahrung eines großen Menschen, auf eine Entdeckungsreise ins eigene Innere. Niemand wird sich der Ehrlichkeit ihrer Schriften entziehen können; jedermann wird dabei in den Bann einer Erfahrung gezogen, die so authentisch ist und so authentisch dargestellt wird wie kaum anderswo in der Geschichte der geistlichen, der mystischen Literatur.

Gemma Hinricher 1984

Die Autorität, die Teresa auf dem Feld der Mystik zuerkannt wird, ist die der Erfahrung und der Weitergabe von Erfahrung ... Wie kaum jemand hat sie die Fähigkeit, das Erfahrene ins Wort zu bringen. Sie selbst empfindet diese Fähigkeit nicht als eine natürliche, ihr eigene, sondern als Gabe, als Geschenk Gottes. Wenn Teresa schreibend

Zeugnis von ihrem inneren Erleben gibt, erfährt sie erneut das, was sie beschreiben will. So gehen Erlebtes, Erleben und das Berichten darüber oft untrennbar ineinander über.

Waltraud Herbstrith 1987

Teresianische Mystik macht nicht weltfremd. Die uns überlieferten Briefe sind zeitkritische, humorvolle Dokumente von gesundem Menschenverstand. Zahlreiche Briefe wurden vernichtet, weil das aus ihnen sprechende selbstständige Menschenbild der Inquisition nicht entsprach. Teresianischer Schlüsselbegriff ist „Freundschaft mit Gott“, die die Freundschaft mit den Menschen nicht aus-, sondern einschließt.

Gerda von Brockhusen 1997

Bei Teresa wird die psychologische Seite der liebenden Gotteserfahrung in den Weg zur Begegnung mit eingeschlossen. Sie hofft, zu einer Ganzerfahrung, zu einem sinnlich-leiblichen Begegnen mit Gott zu gelangen, bei dem eine erotische Komponente mitspielt, wenngleich ins Geistige sublimiert ... Man hat Teresa und Johannes vom Kreuz als Vertreter einer ausgesprochenen Liebesmystik bezeichnet, die in intensiver Erfahrung gründet. Es handelt sich jedoch nicht um ein ekstatisches Vereintsein, begleitet von einem mehr oder weniger gefühlsmäßigen Eindringen in Gottes Geheimnisse, etwa im Sinne der mittelalterlichen Frauenmystik.

Erika Lorenz 1999

Teresa von Avila war und ist nicht nur als Mystikerin und Heilige bedeutend, sie ist es auch als Schriftstellerin. Die erste spanische Frau, die in die Literaturgeschichte einging und darin bis heute ihren herausragenden Platz behielt. Sie blieb als schreibende Frau bis in 19. Jahrhundert einsamer Gipfel. Sie war nicht nur Reformerin ihres Ordens, sondern auch ihrer Epoche.

Ulrich Dobhan 2001

In Fragen des geistlichen Lebens, des Betens als einer existenziellen Beziehung zu Gott und der höchsten Gotteserfahrungen, also der Mystik, wird Teresas Bedeutung immer mehr erkannt, vor allem auch als Beitrag zur Erfahrung Gottes aus der Sicht und dem Erleben einer Frau. Kein Wunder, dass sie von der feministischen Theologie als Kronzeugin herangezogen und ge- und bisweilen auch missbraucht wird.

Alois Maria Haas 2004

Teresa versteht das Christentum von allem Anfang an in ihrer klösterlichen Lebenswelt als eine religiöse Individualitätskultur, deren Stifter Jesus Christus selber war. Die Wichtigkeit ihrer eigenen Lebensgeschichte datiert ihr einzig aus der unverzichtbaren Heilswichtigkeit der Menschwerdung in Jesus Christus. Schon ihre Definition des innerlichen Gebets legt den Akzent auf die personale Zuwendung des „Freundes“ Jesus Christus, wenn sie festlegt: „Das innerliche Gebet ist meiner Meinung nach nichts anderes als ein Gespräch mit einem Freund, mit dem wir oft und gern allein zusammenkommen, um mit ihm zu reden, weil wir sicher sind, dass er uns liebt."

Anselm Grün 2009

Teresa von Avila beschreibt auch ihren eigenen spirituellen Weg. Dabei ist es ihr wichtig, vom äußeren zum inneren Gebet zu gelangen, vom aktiven zum passiven und vom diskursiven Gebet, das über die Worte der Heiligen Schrift nachdenkt, zum kontemplativen Gebet, das die Worte ins Herz eindringen lässt und es mit Liebe erfüllt.

IV. Zeittafel

1515 28. März: Teresa Sánchez de Cepeda y Ahumada wird in Avila geboren; Vater: Don Alonso Sánchez de Cepeda aus Toledo, entstammt einer jüdischen Familie. Mutter: Beatriz de Ahumada, Don Alonsos zweite Frau Beatriz de Ahumada aus Olmedo bei Valladolid, entstammt dem kastilischen Adel.

1528 Tod der Mutter.

1531/32 Aufnahme in ein Internat der Augustinerinnen.

1535 Teresa verlässt das Elternhaus und tritt in das karmelitische Kloster Maria de la Encarnación (Kloster der Menschwerdung) in Avila ein.

1537 Verpflichtung auf die klösterlichen Gelübde der Armut, Ehelosigkeit und des Gehorsams. Während einer Krankheitszeit wird Teresa mit dem spirituellen ABC (*Tercer Abecedario Espiritual*) des Franziskaners Francisco de Osuna bekannt und macht sich auf diese Weise mit dem Wesen des inneren Gebets vertraut.

1543 Tod des Vaters.

1546/82 *Epistolario* – 468 Briefe

1554 Bekehrungserlebnis – Angesichts einer von den Wunden des Schmerzensmannes Jesus bedeckten Statue wird Teresa im Innersten ergriffen. Lektüre von Augustins *Bekenntnissen (Confessiones)* und seelsorgerische Förderung. Es stellen sich ekstatische und visionäre Erlebnisse ein. Sie führen dazu, dass Teresa als vom Teufel Besessene bezeichnet wird.

1560 Begegnung mit dem Franziskaner Pedro de Alcántara; durch ihn angeregt, fasst Teresa den Entschluss zur Begründung eines Klosters, in dem die erforderliche Reform der karmelitischen Spiritualität durchgeführt werden soll. Es handelt sich um San José in Avila, dem Teresa ab 1563 als Priorin vorsteht. Von da an nennt sie sich Teresa de Jesús.

1560/62 Autobiografie – *Vida*

1562/65 *Weg der Vollkommenheit – Camino de la Perfección*

1567 Teresa erhält die Erlaubnis, weitere karmelitische Reformklöster in Spanien zu begründen. Es kommt zu einer Zusammenarbeit mit Johannes vom Kreuz (Juan de Yepes), der sie bei weiteren Gründungen unterstützt.

1572 Auf dem spirituellen Entwicklungsweg hat Teresa einen Zustand erreicht, der als fortdauernde *unio mystica* bezeichnet wird. Die ausgedehnte Seelsorgetätigkeit für die in mehreren neu gegründeten Klöstern lebenden Nonnen nötigt sie zu zahlreichen Reisen. Es kommt zu heftigen Auseinandersetzungen im Orden; von außen greift die Inquisition ein, die Teresas Schriften unter die kritische Lupe nimmt.

1573/81 *Buch der Klostergründungen – Libro de las Fundaciones*

1577 Zu den von ihren Beichtvätern und Oberen verlangten Niederschriften ihres geistlichen Lebens (*Vida*) und ihren den Ordensschwestern zugedachten Unterweisungen für den inneren Weg (*Camino*) tritt ihr mystagogisches Hauptwerk über die Wohnungen der Seelenburg (*Moradas del Castillo interior*) hinzu. Damit folgt sie dem Wunsch des ihr auch freundschaftlich verbundenen Paters Jerónimo Gracián.

1579/80 Nach heftigen internen Auseinandersetzungen zwischen den sog. Beschuhten und Unbeschuhten, der

	teresianischen Reform folgenden, Karmeliter und Karmelitinnen findet Teresa mit ihrem Werk die Eigenständigkeit ermöglichende offizielle Anerkennung.
1582 15. Oktober:	Teresas Tod in Alba de Tormes; 1583 wird der Sarg nach Avila überführt.
1588	Erstausgabe der Werke Teresa in Salamanca durch den Augustiner-Theologen Fray Luis de León.
1614 24. April:	Seligsprechung.
1617 16. November:	Teresa wird Schutzpatronin Spaniens.
1622 12. März:	Heiligsprechung, zusammen mit Ignatius von Loyola.
1970 27. September:	Als erste Frau Ernennung zur Kirchenlehrerin (Doctor Ecclesiae).

VI. Literatur

1. Textausgaben

Werke der heiligen Theresia von Jesus. Band I – V. Übersetzt von Ludwig Clarus. Regensburg 1851.

Sämtliche Schriften der hl. Theresia von Jesu. I – VI. Übersetzt von Aloysius Alkofer. München-Kempten 1931 – 1941.

Teresa von Avila. Gotteserfahrung und Weg in die Welt. Übersetzt von Ulrich Dobhan. Olten-Freiburg 1979.

Teresa von Avila: Die innere Burg. (1966). Übersetzt von Fritz Vogelsang. Zürich 1979.

Teresa von Avila: Das Buch meines Lebens. Hrsg. Ulrich Dobhan / Elisabeth Peeters. Freiburg 2001.

— Weg der Vollkommenheit. Codex von El Escorial. Hrsg. Ulrich Dobhan / Elisabeth Peeters. Freiburg 2003.

Teresa von Avila: Wege zum Gebet. Textauswahl. Übersetzt von Irene Behn. Zürich 1976.

Teresa von Avila erzählt ihr Leben. Hrsg. von Erika Lorenz. München 1999.

2. Sekundärliteratur

Behn, Irene: Spanische Mystik. Düsseldorf 1957.

Brockhusen, Gerda von: Karmeliten, in: Kulturgeschichte der christlichen Orden. Hrsg. Peter Dinzelbacher / James Lester Hogg. Stuttgart 1997, S.242 – 274.

Delgado, Mariano: Mystik und Kirchenkritik bei Teresa von Avila und Johannes vom Kreuz, in: Die Kirchenkritik der Mystiker. Band II. Hrsg. Mariano Delgado / Gotthard Fuchs. Fribourg-Stuttgart 2005, S. 183 ff.

Dinzelbacher, Peter (Hrsg.): Wörterbuch der Mystik. Stuttgart 1989.

Dobhan, Ulrich: Gott, Mensch, Welt in der Sicht Teresas von Avila. Frankfurt 1978.

— Teresa von Avila, in: Theologische Realenzyklopädie (TRE) Band 33. S. 76 ff.

Dupré, Louis und Don E. Salaiers (Hrsg.): Geschichte der christlichen Spiritualität. 3. Band. Die Zeit nach der Reformation bis zur Gegenwart. Würzburg 1997.

Haas, Alois Maria: Teresa von Avila – Subjektivität und Mystik, in ders.: Mystik im Kontext. München 2004, 332 – 354.

Herbstrith, Waltraud: Teresa von Avila. Die erste Kirchenlehrerin. Aschaffenburg . 4. Aufl. 1981.

Hinricher, Gemma: Teresa von Avila, in: Große Mystiker. Leben und Wirken. Hrsg. Gerhard Ruhbach / Josef Sudbrack. München 1984, S. 222 – 236.

Henry Kamen: Die spanische Inquisition. München 1969.

Lorenz, Erika: Teresa von Avila. Licht und Schatten. Schaffhausen 1982.

— „Nicht alle Nonnen dürfen das". Teresa von Avila und Pater Gracián. Freiburg 1983.
— Der nahe Gott im Wort der spanischen Mystik. Freiburg 1985.
— Ein Pfad im Wegelosen. Teresa von Avila. Erfahrungsbericht und innere Biographie. Freibürg 1986.
Nigg, Walter: Große Heilige. Zürich 1946.
Peers, Allison: Spanische Mystik. Zürich 1956.
Schering, Ernst: Mystik und Tat. Teresa von Jesus, Johannes vom Kreuz und die Selbstbehauptung der Mystik. München 1959.
Steggink, Otger: Erfahrungen und Realismus bei Teresa von Avila und Johannes vom Kreuz. Düsseldorf 1976.
Sudbrack, Josef: Erfahrung einer Liebe. Teresa von Avilas Mystik als Begegnung mit Gott. Freiburg 1979.
Wehr, Gerhard: Christliche Mystiker. Von Paulus und Johannes bis Simone Weil und Dag Hammarskjöld. Regensburg 2008.